Dr. Michael J. Seefried

Was brauchen Menschen heute?

Kindheit und Menschheit im Wandel der Zeit

Was brauchen Menschen heute?

Kindheit und Menschheit im Wandel der Zeit

Dr. Michael J. Seefried

TRIGA
Der Verlag

Bibliografische Information der Deutschen Nationalbibliothek
Die Deutsche Nationalbibliothek verzeichnet diese Publikation in der Deutschen Nationalbibliografie; detaillierte bibliografische Daten sind im Internet über: http://dnb.d-nb.de abrufbar.

«Was brauchen Menschen heute!» ist die ergänzte, überarbeitete und aktualisierte Ausgabe des 2018 erschienenen Titels «Kommt ein Kind zum Arzt ...» von Michael J. Seefried.

1. Auflage 2024

Illustration und Gestaltung: © Doris Tsangaris
Gestaltung und Layout: © Ruben Tsangaris

Herstellung: TRIGA – Der Verlag UG (haftungsbeschränkt),
GF: Christina Schmitt
Leipziger Straße 2, 63571 Gelnhausen-Roth
www.triga-der-verlag.de, E-Mail: triga@triga-der-verlag.de
Druck: winterwork, Borsdorf
ISBN 978-3-95828-344-2

Den Kindern dieser Welt gewidmet,
im Besonderen meinen Enkeln
Emilia, Leo und Mads und Ivi Charlotte

Inhaltsverzeichnis

Eine Einführung zur Neuausgabe

Seit 2018, als die erste Ausgabe meines Buches unter dem Titel «Kommt ein Kind zum Arzt ...» erschien, hat sich die Welt sehr stark verändert. Im Vorwort zur ersten Ausgabe habe ich von einer «ungewissen Zukunft» gesprochen – nicht ahnend, was sich da konkret anbahnte. Nun haben wir eine Situation in der Welt, die sich durch weltweite Verbreitung eines spezifischen Virus stark verwandelt hat. Corona hat viele Fragen und Dramen aufgeworfen, die ich im Kapitel «Ist die Welt im Chaos?» im zweiten Teil dieses Buches aufzeige. Zudem haben wir wieder Krieg in Europa und seit Oktober 23 auch im Nahen Osten. Ein jahrzehntelanger, bedeutungsvoller Konflikt eskaliert. Damit verbindet sich unübersehbar die Frage der europäischen jüdischen Geschichte, was wir unmittelbar an der sofortigen Demonstrationsbereitschaft in verschiedenen europäischen Städten ablesen konnten, die zum Teil ausgeprägte antisemitische Tendenzen aufzeigt.
Auch wenn diese Kriege viele Gemüter bei uns erhitzen – insbesondere die stets gegenwärtige Frage um die Problematik des Antisemitismus –, so sind diese Auseinandersetzungen doch weit entfernt und wir bisher noch nicht unmittelbar davon betroffen.

Allerdings konnten wir uns hinsichtlich der Corona-Pandemie nicht entziehen. Wir wurden von den Ereignissen förmlich überrollt, sie haben über Monate unseren Lebensalltag bestimmt. Ein solches weltumspannendes Geschehen wird eine Bedeutung für die Menschheit haben.

Welche Botschaft könnte die Corona-Pandemie an die Menschen richten? Und mit welchen Konsequenzen? Warum ist Corona genau zu diesem Zeitpunkt in dieser Massivität aufgetreten?
Wir dürfen annehmen, dass Corona kein zufälliges Übel ist, sondern neben all dem Leid uns etwas Sinnvolles sagen will. Es ist deutlich geworden, dass wir unser Verhalten insbesondere in den Industrienationen korrigieren sollten, wenn wir die Welt retten

wollen. Und dass ein Prozess begonnen hat, der für die weitere Entwicklung der Menschheit von großer Bedeutung sein wird. Könnte es sein, dass die Basis dieser Korrektur eventuell eine Neugestaltung der sozialen Beziehungen, also der Ich-Ich- und der Ich-Du-Beziehungen, betrifft? In der Konsequenz würde dies schließlich eine Neugestaltung von Lern- und Heilungsprozessen bedeuten. Welch gigantischer Entwicklungsschritt!

Wenn wir die Zeitgeschehnisse verfolgen, scheinen die Welt und die Entwicklung der Menschheit in einem großen Umbruch zu sein. Für mich bedeutet es, dass die «Sicherheit», aber auch die Rigidität vermeintlich festgefügter Strukturen zu bröckeln beginnen. Dies weist in eine Zukunft, in der sich vieles wandelt, was eine Chance für Neugestaltung und Transformation bedeutet. Wollen wir diese Chance wahrnehmen?

Im ersten Teil des Buches finden Sie einige Themen, die zum Teil auch in der 1. Auflage angesprochen wurden.
Es geht dabei um Themenbereiche wie: Kinder heute ins Leben zu begleiten, ist eine Aufgabe von herausragender Bedeutung – vor allem, seitdem sich unsere Welt mit dieser Intensität verändert. Daher geht es in diesem Teil des Buches um Kinder und Jugendliche, um Erziehung, Begegnung als Heilungsimpuls und schließlich um familiensystemische Betrachtungen. Der zweite Teil ist dem angedeuteten Thema der Wandlung unserer Welt sowie der Neugestaltung der sozialen Beziehungen, deren Gründe und Konsequenzen gewidmet und in einzelne Artikel verfasst, die sich gegenseitig ergänzen, aber auch für sich alleinstehen können. Diese Artikel befassen sich mit der oben angedeuteten Thematik: das Anderswerden unserer Welt sowie die Neugestaltung der sozialen Beziehungen, die Gründe und Konsequenzen dieses Wandels.

Grüningen bei Zürich, Frühjahr 2024

Teil 1

Kinder: der Versuch einer Definition

Der erste Teil dieses Buches handelt überwiegend von Kindern. Was für Wesen sind Kinder?

Oftmals werden Kinder als kleine Erwachsene angesehen, die sich an die Welt der Erwachsenen anpassen sollen. Auch werden sie allzu häufig vor allem auf intellektueller Ebene angesprochen. Werden wir ihnen damit gerecht?

«Gib brav die Hand», sagt die Mutter ihrem vierjährigen Max. Dabei liegt es gar nicht im Naturell des Kindes in diesem Alter, sein Gegenüber per Handschlag zu begrüßen. Oftmals ist ein kurzer Blick in die Augen, vielleicht mit einem kurzen verschmitzten Lächeln, eine viel schönere, innigere und vor allem authentischere Begrüßung. Das Kind wird von selbst beginnen, die Hand zur Begrüßung zu geben, wenn es für das Kind passt. Es sieht diese Geste ja jeden Tag.

Oft wird auch «ewig» darüber diskutiert, wenn das Kind etwas falsch gemacht oder gar etwas «verbrochen» hat. Das Kind weiß in der Regel sowieso, dass das, was es getan hat, nicht richtig war. Wäre vielleicht ein kurzes, aber bestimmtes «Nein» nicht viel wirkungsvoller, ohne selbst wütend oder ungehalten zu werden, um dann abends beim Zubettgehen nochmal kurz an das Ereignis zu erinnern? Kurz! Ein halber Satz genügt! Zum Beispiel: «Was da heute Nachmittag war, versuche, das mal anders zu machen.» Oder: «Was war denn mit dir heute Nachmittag? Magst du das sagen?» Aber dann bitte nicht bohren, sondern das Kind frei lassen, sich zu äußern. Je nach Temperament des Kindes und seinem Angsttyp wird es sich lieber äußern bzw. das lieber mit sich abmachen.

Kindliches Verhalten – eine Botschaft?

Wir Erwachsene haben die Möglichkeit zu reflektieren, welche **Botschaft** sich hinter dem Verhalten des Kindes zu verbergen vermag. Dem nachzugehen, ist in der Regel sehr spannend. **Jesper Juul**, der leider bereits verstorben ist, hat in seinen Büchern viele hervorragende Tipps und gute Beispiele aufgezeigt.
Aus meiner Sicht sind Kinder ganz anders als Erwachsene. Wir sollten ihrem Wesen gerecht werden, wissend, dass sie Kinder sind, wir sollten sie ihrem kindlichen Alter entsprechend würde- und verantwortungsvoll begleiten.
Kinder sind sich entwickelnde Wesen! Sie haben noch keine Ratio, leben ganz im Hier und Jetzt. Sie leben in Bildern. Das ist die Sprache der Seele. Und darin leben sie ganz und gar. Daher ist eine Tasse, die kaputt geht, eine müde Tasse. Daher ist das böse Wesen unter dem Bett für das Kind Wirklichkeit und nicht anzuzweifeln. **Lernen wir daher, «mit den Augen des Kindes» zu schauen!**

Was brauchen Kinder im Hier und Jetzt?

Bindung – Hülle – Rhythmus als fundamentale Qualitäten

Aus meiner Sicht sind Kinder eigenständige Wesen, die auf einem entwicklungsphysiologischen Weg sind, erwachsen zu werden. Die Qualitäten, die Kinder in ihrem Sein sicherlich benötigen, sind warmherzige Zuneigung, Empathie und Liebe ohne Bedingungen oder Erwartungen (siehe Kapitel «Liebe» in Teil 2) sowie Bindung, Hülle (Nest, Wärme) und ein gelebter, liebevoller, klarer, authentischer Rhythmus. Auch brauchen Kinder eine eine ihrer individuellen Persönlichkeit und ihrem Alter gerecht werdende Erziehung und keinen Erziehungsstil, den sich Erwachsene ausgedacht oder angelesen haben. Was könnte ich damit meinen? Im Kapitel «Wann beginnt Erziehung?» gehe ich näher auf diese Thematik ein.

Bindung

Die wohl grundsätzlichste und wichtigste Eigenschaft im Umgang mit dem werdenden, jungen Leben ist die Bindung. Emmi Pikler (1902-1984) und Gerald Hüther (* 1951) sind nur zwei der vielen wissenschaftlich fundierten ForscherInnen und PraktikerInnen, die sich mit dieser Thematik intensiv befassen. Gerald Hüther, emeritierter Professor der Universität Göttingen, ist ein bekannter Neurobiologe und Buchautor sowie Gründer der Akademie für Potentialentfaltung und des Vereines «Schule im Aufbruch».

Sensibelste Sinneswerkzeuge bei Ungeborenen, Neugeborenen und Säuglingen

Wir wissen heute, das Ungeborene, Neugeborene und Säuglinge sensibelste Sinneswerkzeuge haben. Mit diesen können sie spüren, wie es ihrer Mutter geht und wie die Stimmung in ihrer Umgebung ist. Sie können auch wahrnehmen, was die Menschen in ihrem Umfeld zum Zeitpunkt der Geburt denken und fühlen. So ist es ein enormer Unterschied, ob die Stimmung – auch in

Stresssituationen – ruhig, liebevoll und klar ist oder ob negative Gedanken die Situation im Kreißsaal beeinflussen – zum Beispiel «Das schafft die nie», «Wie stellt die sich denn an», «Ich habe große Angst, dass mir der ärztliche Eingriff nicht gelingt, aber ich kann nicht schon wieder den Chef herbeirufen». Alle diese Überlegungen nehmen Kind und Mutter wahr. Wenn die Mutter narkotisiert wurde, ist sie offen, Gedanken und Gefühle der Anwesenden unbewusst zu empfangen – und so auch das Kind. Gedanken und Bemerkungen des Personals in den heute modernen, üblicherweise offenen OPs können daher aufgenommen werden. PsychologInnen und PsychotherapeutInnen bestätigen Zusammenhänge zwischen solchen Wahrnehmungen und später auftretenden seelischen Krisen. Wir haben heute die diagnostisch-therapeutischen Möglichkeiten, solche Zusammenhänge aufzudecken (siehe hierzu die beiden Kapitel «Familiensystemische Betrachtungen und Rückführungen»).

Die **Bindung** in den ersten Lebensjahren findet idealerweise mit den Eltern statt. Hinzu kommen engste Verwandte wie Geschwister und Großeltern. Jedoch ist die wichtigste Bezugsperson in den ersten zwei bis drei Jahren die Mutter, gefolgt vom Vater. Dies ist nicht zu werten. Es ist eine Lebenstatsache.
Das Gelingen dieser Bindung trägt zur Bildung eines Fundamentes für das ganze Leben bei. Eine gelungene Bindung benötigt jeder Mensch als stabile Grundlage, um frei, selbstbestimmt und mit einem gesunden Selbstvertrauen durchs Leben gehen zu können. Dieser Ausgangspunkt trägt dazu bei, dass wir uns mit unseren Wurzeln verbinden und unsere Individualität in unser Sein integrieren können.
Hat diese frühkindliche Bindung nicht ausreichend stattgefunden, sollte man das als einschneidendes Ereignis im Leben des jungen Menschen ernst nehmen. Denn wenn wir nicht an unseren Ursprung anschließen können, wenn diese Vertrauensbasis, dieses Fundament am Anfang unseres Lebens irritiert wurde, können wir Schwierigkeiten entwickeln, unser Leben ganz zu nehmen

und unser Potenzial ganz auszuschöpfen. Es ist dann wahrscheinlich, dass wir unseren Platz im Leben nicht finden können, was sich auf mannigfaltige Weise zeigen kann. So können wiederholte Depressionen oder (soziale) Schwierigkeiten im Umgang mit Mitmenschen und Partnern auf eine gestörte Bindungsentwicklung hinweisen. Eine nicht geglückte frühkindliche Bindung kann auch bei Menschen vorliegen, die wiederholt Mobbing-Situationen oder ein Burnout erleben.

Hülle, Nest und Wärme

Neugeborene und Säuglinge sind noch ganz Sinneswesen. Kinder sind darauf angewiesen, dass ihr Zuhause ein Nest für sie ist, das ihnen Schutz, körperliche und seelische Wärme sowie Geborgenheit gibt. Dazu gehört Hülle. Unter Hülle verstehe ich, dass die Ausgestaltung des Heimes den Bedürfnissen des Kindes angepasst wird. Die Eltern sollten versuchen, mit den Augen des Kindes zu schauen – einerseits hinsichtlich Gefahrenquellen wie elektrischer Strom oder heiße Herdplatten, andererseits hinsichtlich elementarer Bedürfnisse wie entwicklungsbedingter Möglichkeiten und Fähigkeiten.

So benötigt ein kleines Kind einen geregelten Tagesablauf, weil es so lernen kann, sich daran zu orientieren. Unter Wärme und Hülle verstehe ich nicht nur die äußere, sondern auch eine innere, emotionale Wärme. Da die kleinen Wesen noch eine sehr ausgeprägte Sensibilität haben, nehmen sie Stimmungen und Gedanken wie auch die Haltung der Erwachsenen in ihrem Umfeld wahr. Sie spüren: Wie gehen die Eltern miteinander um? Wie werden Konflikte ausgetragen? Letztendlich: Wie wird Gemeinschaft gelebt? Die Erwachsenen sollten auch darauf achten, wie sie Medien in der Gegenwart des Kindes nutzen. Das Kind kann sich vor dem, was in seinem unmittelbaren Umfeld geschieht, was gesprochen und gedacht wird, nicht schützen, weil es noch keine logisch-analytische Denkfähigkeit entwickelt hat, die es ihm erlauben würde,

sich abzugrenzen. Allerdings ist es individuell verschieden, was das einzelne Kind wahrnimmt und was nicht.
Alle Dinge, die das Kind im Außen wahrnimmt, empfindet es so, als ob es diese Wahrnehmungen selbst erleben würde. Entsprechend bildet sich im Kind eine Erfahrung dieses Erlebnisses aus, ohne dass es die Fähigkeit hat, dieses von sich zu weisen oder gar zu verarbeiten. Das gilt besonders dann, wenn es sich um ein schlimmes Ereignis handelt. Die Fähigkeit, zwischen sich und der Umwelt zu differenzieren, lernt das Kind erst zwischen dem zweiten und dritten Geburtstag. Dann entsteht Schritt für Schritt im Kind eine gewisse Fähigkeit zur Reflexion und zur Abgrenzung, die sich mit den Jahren langsam weiter entwickeln kann.
Das Neugeborene ist noch nicht in der Lage, seine Körpertemperatur konstant zu halten. Es ist darauf angewiesen, dass es ausreichend warm gekleidet wird. Am meisten Wärme verliert das Kind über das Köpfchen und über den Bauch. Daher ist es wichtig, dass Neugeborene und Säuglinge immer ein Mützchen tragen, am besten auch in der Wohnung. In einer Wohnung von 23 Grad ist der Unterschied zur Körpertemperatur des Kindes von 36 bis 37 Grad doch erheblich. Nachts ist eine Zimmertemperatur von 18 Grad auch für die ganz Kleinen ausreichend, wenn sie gut zugedeckt sind. Somit sollten die Eltern darauf achten, dass die Kinder warm genug, aber nicht zu warm angezogen sind – vorzugsweise mit Naturfasern und nicht Synthetik. Kinder im Vorschulalter richten erfahrungsgemäß ihr Interesse eher aufs Spielen als auf ihren Wärmehaushalt. Dies ändert sich erst im Schulalter.

Rhythmus – unser Lebensquell

Wir sind rhythmische Wesen. Ohne Rhythmus ist kein Leben möglich. Auch wenn wir in den Industrienationen dazu tendieren, uns von möglichst vielen Rhythmen zu befreien, so wissen wir, dass eine Gestaltung des Tages nach grundlegenden Rhythmen gesunderhaltende bzw. gesundheitsfördernde Funktion hat. Immer mehr Schulen gestalten so ihren Schulalltag. In den Waldorfschulen werden die einzelnen Unterrichtsstunden wie der

Lehrplan über das ganze Schuljahr nach rhythmischen Kriterien gestaltet (Hauptunterricht, Epochenunterricht).

Schon Schwangerschaft und Geburt sind rhythmischen Prozessen unterworfen, wenn wir zum Beispiel an die Wehentätigkeit denken. Nach der Geburt ist es das Wichtigste, dass das Kind seinen Atemrhythmus findet und sich dieser in ein rhythmisches Verhältnis zum Herzschlag entwickelt. Dann sollten sich die Ausscheidungen in regelmäßiger Weise vollziehen.
In den ersten Monaten darf das Kind lernen, dass es regelmäßig und nicht irgendwann trinkt und nachts die Pausen länger sein dürfen als tagsüber. So beginnt es, schon einen Tag-Nacht-Rhythmus zu leben. Es gibt Kinder, die sich spontan diesem Rhythmus anpassen; anderen muss man etwas helfen. Jedoch ist es in der Regel so, dass sich die Kinder am Rhythmus der Eltern orientieren und diesen nachahmen. Das bedeutet: Wenn die Eltern einen Rhythmus im Alltag leben, haben es die Kinder leichter.

Unter Rhythmus verstehe ich eine lebendige, sich wiederholende Abfolge von Ereignissen wie Essenszeiten, Ritualen des Zubettgehens, Meditation oder Gebet. Selbstverständlich sind Ausnahmen im Alltag möglich, etwa am Wochenende oder in den Ferien.
So können wir die Worte von Rudolf Steiner verstehen, dass in der Atmung der Mensch als Mikrokosmos ganz im lebendigen Zusammenhang mit der Welt, dem Makrokosmos, steht. Und in der Tat sind wir ganz eingebettet in die Rhythmen der Welt.
Der Rhythmus bei Herzschlag und Atmung, also des Herz-Kreislauf-Systems, ist beim Menschen von zentraler Bedeutung. Der Puls-Atem-Quotient beträgt beim Erwachsenen 4 zu 1, bei durchschnittlich angenommenen 72 Pulsschlägen und 18 Atemzügen pro Minute. Beim Kind ist dieser Quotient deutlich geringer (2 zu 1 beim Säugling, 3 zu 1 beim Kleinkind). In der Phase des Rubikon gleicht er sich dem Quotienten des Erwachsenen an (siehe Kapitel «Der Rubikon» in «Der Mensch als sich entwickelndes Wesen» in «Kommt ein Kind zum Arzt. Dem Leben mit Zuversicht begegnen», Michael Seefried).

«Rhythmus entsteht durch das Hineinwirken eines Geistigen in das Materielle», sagte Rudolf Steiner. Im Rhythmus werden die heilenden Wirkungen der ätherischen Kräfte physisch erkennbar. Dies kann die Grundlage für die Fähigkeit der Selbstheilung sein. Für Kinder ist – insbesondere in den ersten Lebensjahren – ein gelebter Rhythmus im Alltag wichtig. Einerseits hilft es ihnen, sich im Leben zu orientieren; andererseits unterstützt er die Ausreifung und Stabilisierung der Lebenskräfte, also der Entwicklung schlechthin. So gesehen können stetige Unregelmäßigkeiten im Alltag beim Kind ein stressiges Erleben bedeuten, was auf Dauer die Lebenskräfte (Ätherleib) schwächen kann. Symptome wie Unruhe, Unausgeglichenheit, grundlose Schreiphasen, Schlafstörungen bis hin zu Gedeihstörungen können die Folge sein.
Wenn die Familie am Wochenende und in den Ferien einen anderen Rhythmus lebt, ist dies sicher kein Problem, weil das Unrhythmische im Moment auf eine Art ja wieder rhythmisch ist. Auch lernen die Kinder rasch, dass beispielsweise die Großeltern einen anderen Rhythmus leben als die Eltern. Geplante Reisen sollten diesen Gesichtspunkt berücksichtigen. Die beste Orientierung ist, wenn die Kinder erleben können, wie ihre Eltern Rhythmen im Alltag vorleben. Die Vorbildfunktion des Erwachsenen ist auch hier das Wichtigste.
Weitere Qualitäten im Umgang mit Kindern und Jugendlichen helfen diesen, sich im Leben von heute zurecht zu finden. Zu diesen zähle ich **Transparenz, Authentizität, inneres Kind, Vorbildsein** und wichtige Kriterien, die mich als erwachsenen Menschen auszeichnen. Darüber berichte ich ausführlich im zweiten Teil dieses Buches.

Kinder und Jugendliche heute

Welche Impulse können uns Kinder und Jugendliche für die Schulentwicklung geben?

Wenn ich an die **heutige Jugend** denke, habe ich den Eindruck, dass sie viel Potential und aussergewöhnliche Anlagen mitbringt, um sich in dieser Welt zu entfalten. Viele Kinder und Jugendliche sind «gspüriger» als frühere Generationen. Damit meine ich, dass sie sensibler sind und mehr Antennen haben. So erlebe ich immer wieder Kinder und Jugendliche, die instinktiv sofort wissen, wie es ihrem Gegenüber geht, bevor ein Wort gesprochen wurde. So ergeht es ihnen auch in der Schule: Sie spüren unmittelbar, wie es den anderen in der Klassengemeinschaft ergeht und ob sie sich authentisch verhalten. Für mich ist das eine außerordentliche Leistung, eine unglaubliche intuitive Begabung.
Leider leiden diese Kinder und Jugendliche oftmals, weil sie von ihrem Umfeld nicht richtig verstanden werden. Gerade jetzt in dieser unsteten Umbruchphase, in der sich die Welt völlig zu verändern scheint, sind Erwachsene nicht so präsent, wie es die Jugend bräuchte.

Familien und die «Erwachsenenwelt»

Demgegenüber erleben wir immer mehr **Erwachsene**, die offenbar mit sich und der Welt nicht mehr zurechtkommen, was sich seit Corona akzentuiert hat. Es gibt eine wachsende Anzahl von Partnerschaften und Familien, die in eine Krise geraten sind. Eltern in Krisensituationen haben eine geringere Wahrnehmung für sich und ihr Umfeld, insbesondere für ihre Kinder und deren Bedürfnisse und Sehnsüchte.

Bricht das familiäre Umfeld weg oder wird es sehr instabil, brauchen wir uns nicht wundern, wenn Kinder und Jugendliche in diesem Umfeld zunehmend unsicher, fragiler und auffälliger werden. Die Vorbilder sind keine Vorbilder mehr!

Die Situation in den Schulen

In den meisten öffentlichen Schulen und partiell auch an Privatschulen wie Steinerschulen finden wir den Umstand vor, dass Lehrpersonen am Alten, Bewährten festhalten. Weiterhin wird mit Leistung, Druck und Frontalunterricht versucht, Kinder und Jugendliche dazu zu bewegen, sich in den Schulalltag einzufügen und Freude und Interesse am Unterricht zu empfinden.

Die **Lehrpersonen** wiederum erleben, dass die Anzahl derjenigen Kinder und Jugendlichen pro Schulklasse stark angestiegen ist, die nicht mehr mit dieser Art des Unterrichtens zurechtkommen und in irgendeiner Form «auffallen»! Erfahrene Lehrpersonen müssen feststellen, dass ihre seit Jahrzehnten erfolgreichen pädagogischen Maßnahmen nicht mehr wirken.
Zudem ist der Einfluss des Medienkonsums nicht zu unterschätzen. Gerade Kinder und Jugendliche, die in einer schwierigen Entwicklungsphase stecken, vielleicht sensibler sind als andere, flüchten vor der Realität in eine andere Welt. Der Medienkonsum hat auch ein großes Suchtpotenzial. Es ist gut, dass immer mehr Schulen Medienexperten zu Rate ziehen, die mit den Kindern, Jugendlichen und Lehrpersonen arbeiten und oft auch Vorträge für Eltern anbieten.

Nun stellt sich die Frage: Hat die Anzahl «auffälliger» Kinder mit ernstzunehmenden Diagnosen wie ADHS, Legasthenie, Lese-Rechtschreibschwäche, Angststörungen, Depressionen etc. wirklich extrem zugenommen? Oder ist die Anzahl derjenigen Kinder angestiegen, die dieses Schulsystem, das seit über 100 Jahren existiert, nicht mehr aushalten, nicht mehr tolerieren und immer mehr ablehnen? Oder ist es in Wirklichkeit so, dass diese Kinder grundsätzlich eine normale Entwicklung durchlaufen? Oder liegt möglicherweise eine «Mischform» beider Varianten vor?

Ich erlebe immer mehr Lehrpersonen verzweifelt und überfordert, immer mehr Kinder und Jugendliche verzweifelt und unglücklich, immer mehr Familien überfordert und ratlos.

Die Forderung nach «Abklärung» – also nach einer Untersuchung, ob das Verhalten der Schülerin bzw. des Schülers «normal» ist oder ob doch eine Aufmerksamkeitsstörung oder gar eine psychische Erkrankung vorliegt – wird immer lauter und immer häufiger insbesondere an öffentlichen Schulen erhoben. Mit «Abklärung» ist eine entwicklungspädiatrische Abklärung gemeint.

Was ist die Konsequenz daraus?

Warteten Eltern bis vor wenigen Jahren «nur» sechs bis acht Wochen, um einen Termin für eine Abklärung zu erhalten, sind es heute neun bis zwölf Monate. Tendenz steigend! Das ist für diejenigen Kindern und Jugendlichen dramatisch, bei denen eine entwicklungspädiatrische Abklärung dringend erforderlich wäre, um ihnen die richtige therapeutische Begleitung geben zu können.

Bei einem großen Teil der Kinder und Jugendlichen, die in meiner Sprechstunde mit der Fragestellung nach einer entwicklungspädiatrischen Abklärung erscheinen, ist nach wenigen Minuten und detaillierten Fragen klar, dass diese Kinder und Jugendlichen keine Abklärung benötigen. Ihr Verhalten ist altersentsprechend und völlig normal. Jedoch sind diese Kinder und Jugendlichen mit ihren Familien unglücklich, verzweifelt, verunsichert, weil sie sich nicht abgeholt fühlen, nicht angenommen, so wie sie sind, nicht im Herzen berührt. Dabei sollte die Schulzeit ja eigentlich zu unseren schönsten Lebensphasen gehören!

Was sich unsere Kinder wünschen

Die Corona-Pandemie hat unter anderem aufgezeigt, dass Lern- und Heilungsprozesse neu gegriffen werden sollen. Eindrücklich zeigt eine Corona-Studie, die von mir während des ersten Lockdowns im März/April 2020 durchgeführt wurde, dass insbesondere die Kinder dazu eine klare Haltung haben. Die Ergebnisse dieser Studie habe ich ausführlich unter anderem in der Zeitschrift SPEKTRUM der Rudolf Steiner Schule Zürich vorgestellt (Herbstausgabe 2020, Seite 30 ff.) sowie in der „Erziehungskunst", Herbstausgabe 2020.

Daran hat sich drei Jahre später nichts geändert – im Gegenteil: Die eindrückliche Haltung der Kinder zu Beginn der Pandemie ist heute klarer denn je. Nehmen wir das Verhalten der Kinder und Jugendlichen – vor allem derjenigen, die im Unterricht «stressen» – ernst! Daraus ergeben sich exemplarische Qualitäten; die drei wichtigsten sind (A):

Gesehen werden und im Herzen berühren
Begeisterung
Lebendigkeit leben, lebendig sein

Diese drei Qualitäten fanden sich bei den meisten Antworten der Kinder wieder. Aber solche Grundhaltungen müssen wir Erwachsenen ihnen vorleben und in unser Leben ganz integriert haben! Zudem teilten die meisten Kinder noch mit (B):

Der Schulalltag ist zu vollgepackt.
Sie wollen weniger Unterricht in der Schulklasse.
Sie wünschen sich mehr Projekte und weniger Frontalunterricht.
Sie möchten die Möglichkeit haben, sich der Projektarbeit ein bis zwei Tage pro Woche zu Hause widmen zu können.

Die ersten genannten Qualitäten (A) sind seelisch-sozialer-emotionaler Natur, die zweiten (B) betreffen die konkrete Gestaltung des Schulalltages. Es ist festzuhalten: ein grosser Prozentsatz der Kinder hat einen Schulalltag von mehr als 40 Stunden pro Woche, wenn man den Schulweg, der oft viel länger als 30 Minuten beträgt, mit einrechnet.

Neugestaltung des Schulalltages, nicht Reform! Zu (A): Um mehr Lebendigkeit, mehr Begegnung in den Unterricht zu bringen, sind grundlegende Veränderungen nur durch eine Neugestaltung des Schulalltages und der sozialen Beziehungen möglich. Da kann jede Lehrperson, jede Mutter und jeder Vater bei sich selbst beginnen. Es zeigt sich die Aufgabe, Polaritäten zu überwinden, bei sich anzukommen und authentisch zu sein.
Es ist diese Neugestaltung, die die Voraussetzung für die Transformation der Lern- und Heilungsprozesse bedeutet. Konkret meine ich damit:

Soziale Beziehung

G e s t a l t u n g s r a u m

Reiz ⟵⟶ **Reaktion**

Denken – F ü h l e n – Handeln

Mit der Neugestaltung der sozialen Beziehungen können wir lernen, ganz bei uns anzukommen, authentisch zu werden, Ängste zu erkennen und zu überwinden sowie unser Gefühlsleben so zu kultivieren, dass wir ihm nicht ausgeliefert sind, sondern es uns als Mediator hilft, in dieser Welt zurechtzukommen.

Bisher sind wir gewohnt, in Polaritäten zu handeln, zu denken, zu fühlen. Gut–schlecht, richtig–falsch, sympathisch–unsympathisch sind die Qualitäten, die sich rasch – bewusst oder unbewusst – einstellen. Es sind diese Qualitäten, die in der Regel unser Verhalten beeinflussen. Wie oft passiert es uns, dass wir eine Äußerung, eine Mail, eine SMS rausgeschickt haben, die wir später gerne korrigieren möchten? Jeder kennt das!

Wie kann die Sehnsucht, die sich in den Wünschen der Kinder ausdrückt, umgesetzt werden? Wie kann ein neu gestalteter Schulalltag diesen Bedürfnissen Rechnung tragen?
Alle Punkte aus (A) und (B) wurden auch von vielen Lehrern und Eltern formuliert. Die meisten signalisierten, dass es so, wie es im Moment ist, nicht mehr stimmig ist.

Die Situation der Steinerschulen

In den meisten Steinerschulen ist seit Jahren bezüglich der Anzahl der SchülerInnen ein kontinuierlicher Abwärtstrend festzustellen. Ein Umstand, der in der Schweiz schon deutlich ist und sich in den kommenden Jahren auch in Deutschland zeigen wird. In der Schweiz mussten Steinerschulen bereits schließen, in den meisten Schulen ist die Schülerzahl pro Klasse wirtschaftlich gesehen viel zu klein geworden.
Nun stellt sich die Frage: Sollten Reformen die Lösung sein oder braucht es die Entwicklung einer grundsätzlich ganz neuen Pädagogik und eines neuen Schulsystems, das den Entwicklungstatsachen der Kinder, der Jugendlichen und letztendlich der Menschheit Rechnung trägt? Wie das zu vollziehen ist und gelingen kann, weiß ich auch nicht, aber machen wir uns auf den Weg! Für mich kann sich dieser Entwicklungsprozess nur gemeinsam mit den Kindern und Jugendlichen vollziehen.

Werden wir also konkret: Beginnen wir, gemeinsam mit den Kindern und Jugendlichen zu gestalten.
Wäre es zum Beispiel denkbar, dass jede Schule ein Gremium bildet, das sich mit Entwicklungsfragen beschäftigt? Dass pro Schule zwei Lehrpersonen den Auftrag haben, an einem landesweiten Gremium teilzunehmen? Wäre es eine Idee, aus jeder Klasse ab der 9. oder 10. Klasse je zwei SchülerInnen auch in dieses Gremium zu entsenden, dass also die Entwicklungsfragen durch Lehrpersonen und Schülerschaft gemeinsam gestaltet werden? Dass man sich vornimmt, zum Beispiel nach zwei Jahren ein Resümee dieser Arbeit abzugeben?

Wäre es zudem eine Idee, die Gestaltung des Schulalltages inklusive der Erstellung der Stundenpläne gemeinsam mit den Jugendlichen vorzunehmen? Vielleicht die Eltern vorab fragen, welche besonderen Bedürfnisse oder Wünsche sie haben?
Ich habe diesen Vorschlag in einer Fortbildung bei der AfaP (Akademie für anthroposophische Pädagogik) mit den anwesenden Lehrpersonen besprochen. Die anfänglichen Bedenken, dass dies zu aufwendig bzw. nicht organisierbar sei, konnten mit dem Argument abgeschwächt werden, dass sich die Umsetzung im Laufe der Jahre gut integrieren lässt, nach dem Motto: «Wo ein Wille ist, ist auch ein Weg.»

Meiner Einschätzung nach sind diese Fragen so fundamental, dass alle Steinerschulen in der Pflicht sind, sich diesen Entwicklungsaufgaben zu stellen.
Es gibt bereits einige Versuche, das Thema «Schule» neu zu greifen. So erschien zum Beispiel im September 2023 das Buch **«Lernwelten. Das Leben bildet»** mit Beiträgen von u.a. Denis Bitterli, Ueli Keller, Giulia Pampoukas, Jiri Rose und Michael Seefried. Insbesondere Ueli Keller ist seit Jahrzehnten europaweit unterwegs und kann sehr detailliert Schulen benennen, die es sich zur Aufgabe gemacht haben, die Pädagogik und die Schulform den Bedürfnissen der heutigen Kindergeneration anzupassen.

Wie ist die aktuelle psychische Lage in der Welt? Und was leben wir unseren Kindern und Jugendlichen vor?
Nehmen wir uns das Zitat von Krishnamurti zu Herzen:
«Ich habe nichts gegen das, was geschieht.»
Stellen wir also die Zeitgeschehnisse nicht infrage, sondern nehmen sie hin, wie sie sind. Allerdings sollten wir versuchen, die Botschaft zu verstehen, die sich durch die Zeitgeschehnisse vermitteln möchte. Viele Kinder und Jugendliche zeigen es uns bereits durch ihr Verhalten, durch ihr «Auffallen». Anstatt sie abzuklären, sollten wir auch hier versuchen, ihre Botschaft, ihre Geste zu verste-

hen. Jedes Zeitalter bringt seine Kinder hervor. Warum sind wir immer mehr von sogenannten neuen Kindern umgeben? Welche Aufgabe sollen sie in der Welt haben?

Ein Fazit

Wir dürfen die rasante Zunahme der Kinder und Jugendlichen, die uns im Moment Sorgen bereiten bzw. die nicht mehr in das «pädagogische Weltbild» zu passen scheinen, in der Weise ernst nehmen, dass sie uns eine Botschaft überbringen wollen, die uns hilft, diese Welt besser zu verstehen und die anstehende Entwicklung mitzugestalten. Das kann aus meiner Sicht am besten gelingen, wenn wir dies mit den Jugendlichen gemeinsam versuchen.

Erziehen ist sanftes Heilen, Heilen ist dramatisches Erziehen.
Paracelsus (ca. 1493-1541)

Wann beginnt Erziehung?

Eltern fragen immer wieder, ob sie denn das einjährige Kind bereits erziehen sollen. Diese Frage hat für mich eine doppelte Botschaft: Zum einen wird davon ausgegangen, Erziehung sei etwas Negatives, vor dem man kleine, unbeholfene Kinder schützen sollte; zum anderen zeigt sie die Unsicherheit der Eltern.

Erziehung ist in erster Linie eine Frage der eigenen Erfahrungen, der Haltung und der Authentizität. Sie ist eine Einflussnahme auf die Entwicklung und das Verhalten von Kindern und Jugendlichen und hat die Entwicklung zur Selbstständigkeit und die Anpassung an die Regeln der Außenwelt zum Ziel. Dabei spielen die Erlebnisse unserer eigenen Kindheit eine große Rolle. Die Erfahrung zeigt: Wenn wir selbst Mutter oder Vater werden, werden wir an unsere eigene Kindheit erinnert. In der Regel erinnern wir uns weniger an schöne, sondern eher an schmerzhafte Erfahrungen, die wir erfolgreich lange Zeit verdrängen konnten. Nun haben wir die Gelegenheit, diese aufzuarbeiten, anstatt sie weiter zu verdrängen. Eine Hilfe kann sein, zu schauen, wo ich noch verletzbar, also noch nicht erwachsen geworden bin (lesen Sie hierzu im zweiten Teil dieses Buches die Kapitel «Inneres Kind – Vorbildsein» und «Kränkung»). Erziehung stellt ein Abwägen dar zwischen Gewährenlassen und Streng-Sein bzw. Gesagtes einfordern oder nicht. Erziehungsfehler passieren uns allen, das ist menschlich. Jedoch sollten sie als solche kommuniziert werden – gerne mit viel Humor. So lernt das Kind, dass auch die geliebten Eltern nicht unfehlbar sind.

Antiautoritäre Erziehung traumatisiert!

Beim Kind immer nachzugeben – vor allem, wenn es laut genug und anhaltend schreit, verunsichert das Kind sehr. Es kann so seine Willensfunktion nicht üben und bekommt keine Ich-Stärke. Mir ist bewusst, dass dies oftmals eine Gratwanderung bedeutet. Untersagen Sie ihrem Kind beispielsweise, Schokolade zu naschen, ist es sicher sinnvoll, sich nicht vom lauten Geschrei des Kindes umstimmen zu lassen, auch wenn manchmal eine Ausnahme angesagt ist. Suchen Sie in einer solch emotionalen Situation dennoch die Nähe zu Ihrem Kind, nehmen Sie es in die Arme, wenn es dies zulässt, und «bestrafen» es nicht mit dem Schokoladenverbot. Sie werden erleben, dass Ihr Kind lernt, auch mit solch einer Situation umzugehen. Und so können die emotionalen, wutbeladenen Schreiphasen ein Ende haben. Es ist wichtig, dass das Kind lernen kann, dass es nicht alles bekommt, wenn es nur laut genug schreit.

Darf mein Kind mich schlagen?

Immer wieder wird in meiner Sprechstunde thematisiert, wie Eltern reagieren sollen, wenn ihr Kind sie schlagen oder beißen will. Seien Sie auch hier klar: Lassen Sie sich niemals schlagen oder beißen! Wenn Sie Ihr Kind aufmerksam beobachten, erkennen sie meist ein paar Sekunden vorher, was es «im Schilde führt». Stoppen Sie die begonnene Bewegung Ihres Kindes, halten es an den Ärmchen fest und sagen Sie «Nein». Nichts weiter, keine Diskussionen, kein «Verständlich-Machen-Wollen». An dieser Stelle gibt es nichts zu diskutieren. Ihr Kind weiß es sowieso.

Wenn Eltern selbstsicher und mit einer gewissen Klarheit, Struktur und einer Portion Humor den alltäglichen Fragen des Lebens begegnen, vermitteln sie dies unmittelbar ihren Kindern, die ja nachahmende Wesen sind. Ist ihre Grundhaltung dem Leben gegenüber stabil, wird den Kindern eine andere Sicherheit vermittelt, als wenn grundlegende Erschütterungen die Eltern belasten. So gesehen beginnt Erziehung mit der Geburt des Kindes.

Die Kinder bleiben die Kinder, die Eltern die Eltern. Es ist wichtig, dass sich die Eltern dessen bewusst sind und dass dies in ihrer Haltung immer so bleibt. Eltern können von Anfang an die verschiedenen Qualitäten des kindlichen Schreiens unterscheiden lernen und feststellen, dass es große Unterschiede gibt, ob das Kind vor Hunger schreit, weil die Windel voll ist, ob es Schmerzen oder Langeweile hat oder wütend ist. Dabei müssen wir unterscheiden, ob es ein Kleinkind ist oder bereits ein Kindergartenkind, das begonnen hat, zu reflektieren und zwischen sich und der Umwelt zu differenzieren. Einem Kleinkind müssen wir die Überwindung einer Langeweile oder eines Wutanfalles vorleben und dies mit dem Kind gemeinsam tun. Einem größeren Kind können wir es schon einmal selbst zumuten, dies zu erproben; wir sollten aber emotional und physisch dabeibleiben und jederzeit unterstützen können.

Ich behaupte einmal, dass Eltern in der Regel für die Emotionen ihrer Kinder nicht verantwortlich sind. Es ist sehr eindrücklich, zu erleben, wie genau die Kinder um die Wirkung eines entsprechenden Verhaltens ihren Eltern gegenüber «wissen» und dieses Wissen auch einsetzen. Andererseits spiegeln Kinder als nachahmende Wesen nicht selten die emotionale Stimmung, die sie vorfinden. Das sollte Ihnen bewusst sein und mit in Ihre Erziehungsüberlegungen einfließen können.

Wenn immer wieder Ihr Kind in bestimmten Situationen ein sehr emotionales Verhalten zeigt, können Sie versuchen, zu verstehen, was Ihr Kind Ihnen sagen möchte. Welche Botschaft verbirgt sich in seinem Verhalten? Manchmal hilft es den Kindern und unserem Verständnis, das Kind malen zu lassen. Im Malen drückt das Kind oft Dinge aus, die es aus dem Unterbewusstsein empfängt. Für die Erwachsenen kann es eine Hilfe sein, die Botschaft verstehen zu lernen, die sich hinter dem Verhalten des Kindes verbirgt. Auch entlastet das Malen das Kind, so dass sich der «Konflikt», der sich dahinter verbarg, wie von selbst auflösen kann.

Die vier Angsttypen von Fritz Riemann

Aus «Grundformen der Angst» von Fritz Riemann, Psychiater (1902-1979)

Riemann hat vier Angsttypen formuliert – in Anlehnung an die vier Temperamente, die es gibt:

- **Schizoid:** Angst vor Hingabe, Nähe (Kontaktstörung)
- **Depressiv:** Angst vor Selbstwerdung (sucht Nähe)
- **Zwanghaft:** Angst vor Veränderung (sucht Gewohntes, Gleichförmigkeit)
- **Hysterisch:** Angst vor Ordnung, Notwendigkeiten, Regeln, Festlegungen

In der Regel stehen ein bis zwei Angsttypen im Vordergrund. Das kennen wir von uns allen. Problematisch wird es, wenn sie sehr dominant im Vordergrund stehen. Das zu wissen, ist für die Begleitung und Erziehung von Kindern sicher von Vorteil und hilft, den Umgang mit Angstgefühlen zu stabilisieren.

Wenn Sie zum Beispiel mit einem schizoiden Kind permanent kuscheln wollen, ist das sicher ein großer Stressfaktor für das Kind. Umgekehrt braucht ein eher depressives Kind sehr die Nähe und kuschelt gerne.

Einem eher zwanghaften Kind tun Sie den größten Gefallen, wenn Sie jede Ferien an denselben Ort und in dasselbe Quartier fahren, denn allein die Vorstellung, in den Ferien die gewohnte Umgebung zu verlassen, ist eine immense Kraftanstrengung für ein solches Kind.

So bedarf es auch einiges an Geschick und Phantasie, einem eher hysterischen Kind zu helfen, sein Zimmer aufzuräumen, als einem zwanghaften Kind.

Das Buch «Grundformen der Angst» ist spannend zu lesen, da es viele konkrete Beispiele enthält; es ist auch als Hörbuch verfügbar.

Das Herz ist der Schlüssel der Welt und des Lebens.
Novalis (1772-1801)

Begegnung als Heilungsimpuls – Begegnung heilt!

Begegnung bedeutet für mich, mein Gegenüber in seinem Herzen zu berühren. Gelingt dies, hat die Begegnung eine tiefe seelische Qualität. Innerhalb der Familie oder in der Partnerschaft ist es wichtig, Begegnungen zu ermöglichen; dann wird der Umgang miteinander sehr heilsam sein und kann die Familie bzw. die Paarbeziehung in ihrem Zusammenhalt stärken.
Begegnung ermöglicht eine Verbindung zwischen Ich und Du, ermöglicht Kommunikation, Dialog und Beziehung. Seit der Corona-Pandemie hat sich die Welt sehr stark verändert, auch auf der Ebene der sozialen Beziehungen (lesen Sie hierzu die entsprechenden Abschnitte im zweiten Teil).

Wir können aus meiner Sicht einen therapeutischen Prozess nur dann beginnen und entwickeln, wenn uns, also dem Arzt oder Therapeuten und dem Patienten oder Ratsuchenden, eine solche Begegnung gelingt. Sie stellt meines Erachtens als seelische Qualität das Fundament eines therapeutischen Prozesses dar. Vertrauen, Optimismus, aber auch Angst und Wut haben hier ihren Platz. Störende Faktoren wie Angst, Wut, Aggression oder Hass können so verwandelt werden, dass sie dem Menschen hilfreich sein können. Begegnung – wie oben beschrieben – ist daher für den therapeutischen Prozess notwendig; egal, ob es darum geht, eine Infektanfälligkeit, eine sich wiederholende Mittelohrentzündung, eine Migräne, eine Essstörung oder eine Schulverweigerung zu behandeln oder den für einen selbst richtigen Weg für die Behandlung einer Krebserkrankung zu wählen. Diese notwendige Begegnung zwischen Patienten und Arzt oder Therapeut nenne ich **«Begegnung als Heilungsimpuls»**; denn im Bemühen um Heilung zeigt sich immer wieder, dass die Emotionen eine große Rolle spielen. Der Verstand hingegen spielt eine eher untergeordnete Rolle.

Damit dieser Prozess der Begegnung gelingt, bedarf die therapeutische Arbeit einer gewissen Fähigkeit der Selbstreflexion der Therapeutin bzw. des Therapeuten bzw. Arztes oder der Ärztin, um leiseste Signale des Gegenübers wahrzunehmen, ohne diese durch eigene Gedanken und Urteile zu beeinflussen.

Wir sollten einen Weg suchen, unseren scharfen analytischen Verstand zugunsten eines phänomenologischen Blickes zu reduzieren. Mit phänomenologischem Blick meine ich: Ich versuche zu verstehen, welche Geste sich hinter einer bestimmten Erkrankung, gewissen Symptomen, einem Verhaltensmuster oder Konflikt verbergen kann. Dazu benötige ich neben dem Wissen um die Krankheitsentstehung eine Diagnose und eine genaue Anamnese der Patientin bzw. des Patienten sowie ihres bzw. seines Umfeldes (Familie, Ursprungsfamilie, Arbeitsumfeld). Mit dieser Herangehensweise versuchen wir, dem Menschen als körperliches, seelisches und geistiges Wesen gerecht zu werden sowie die individuelle und familiäre Dynamik zu erfassen.

Dann kann sich ein Feld öffnen, das ich einen **therapeutischen Raum** nenne. Hier kann sich zeigen, was ist und was entstehen kann, indem wir das Ganze im Blick behalten.

Ist Begegnung als Heilungsimpuls im familiären Kontext und in einer Paarbeziehung möglich?

Davon bin ich überzeugt, aber es ist eine tägliche Herausforderung und Übung. So, wie es mir gelingt, mir selbst zu begegnen, eigene Gedanken und Gefühle zu verstehen, so wird mir dies auch bei meinen Kindern oder der Partnerin und dem Partner gelingen können. Es ist eine Frage der Einstellung, ob ich das Verhalten meines Gegenübers beurteile oder ob es mir gelingt, innerlich

einen Moment innezuhalten, um die Geste und das, was sich hinter dem Verhalten verbirgt, wahrzunehmen; ob ich das Gefühl, was sich mir offenbart, wahrnehmen kann, ohne sofort darauf zu reagieren. Oftmals sind diese kleinen Momente erstaunlich reich an Informationen und Gefühlen und können zu einem besseren Verständnis und einem besseren Miteinander beitragen.
Ich bin der Auffassung, dass jeder Mensch Begegnung als Heilungsimpuls in sein Leben integrieren kann – denn Begegnung heilt!

Lass nie zu, dass du jemandem begegnest,
der nicht nach der Begegnung mit dir glücklicher ist.
Mutter Teresa (1910-1997)

Familiensystemische Betrachtungen und Rückführungen

Familiensystemische Betrachtungen gibt es schon lange. Virginia Satir (1916-1988) gilt als die Mutter der Familientherapie: Sie hat diese Therapie ins Leben gerufen. Bert Hellinger (1925-2019) hat dies aufgegriffen und ist heute die wohl bekannteste Persönlichkeit in diesem Bereich.

Die Diplom-Psychologin Erika Schäfer, Gründerin und Leiterin des Therapieinstitutes Eisenbuch, hat für mich in modernster Weise systemische Arbeit und Rückführungen weiterentwickelt und miteinander verbunden. Ich durfte bei ihr 2012 die Ausbildung machen und stehe seitdem mit ihr in engem beruflichem Austausch.

Ein System ist eine Ganzheit. Jedes Teil ist mit jedem so verbunden, dass jede Änderung eine Änderung des Ganzen bewirkt.
Virginia Satir (1916-1988)

Familiensystemische Realität – ihre Achtung als heilsame Kraft

Wir haben das Bedürfnis, unsere Individualität immer mehr zu entfalten und unsere Freiheit zu leben. Dabei sind wir Lebensgesetzen unterworfen. So wie auf der körperlichen Ebene lebenswichtige Körperprozesse wie Atmung und Herztätigkeit funktionieren müssen, so sollten für das seelische Wohlbefinden gewisse Lebensgesetze berücksichtigt werden, damit Entwicklung und Dasein ungestört gelingen.
Das systemische Gleichgewicht in unserer Ursprungsfamilie ist sehr wahrscheinlich gestört, wenn wir heute ein sehr angespanntes Verhältnis zu unserer Mutter und bzw. oder zu unserem Vater haben. Da lohnt es sich, zu versuchen, dieses Ungleichgewicht zu beheben.

Jedes System, wie z.B. eine Familie oder Partnerschaft, unterliegt bestimmten Gesetzen. Diese sind nicht moralisch im herkömmlichen Sinne zu beurteilen, sondern als familiensystemische Tatsachen zu begreifen. So sprechen wir im familiensystemischen Zusammenhang von «Verstrickung» und nicht von Schuld, weil dieser Begriff einen viel zu moralisierenden Charakter hat und einen «Täter-Opfer-Konflikt» schafft. Eine moralische Bewertung gibt es bei der systemischen Betrachtung nicht. Wir bemühen uns, Ereignisse phänomenologisch zu betrachten, um die Geste zu verstehen, die die Verstrickung uns vermitteln will.

Die wichtigsten Gesetzmäßigkeiten unter systemischen Gesichtspunkten sind:

die «Bindung» als stärkste Kraft oder Urliebe,
der «Ausgleich» als Geben und Nehmen,
die «Ordnung» im Sinne von Regeln des Zusammenlebens,
das «Gewissen» als unsere innere Stimme.

Die Bindung – die stärkste Kraft oder Urliebe

Die Bindung ist das wichtigste Element der ersten Lebensjahre. Sie wird vom Kind als Glück und Liebe erlebt, egal wie gut oder schlecht man sich um das Kind kümmert. Das Kind «weiß», dass es dazugehört. Es ist die Urliebe, die das Kind instinktiv spürt. Die Bindung geht so tief, dass das Kind bereit wäre, sein Glück und sein Leben der Bindung zuliebe zu opfern.

Der Ausgleich – Geben und Nehmen

In einer Partnerschaft besteht das Bedürfnis nach einem «Ausgleich von Gerechtigkeit». Damit ist gemeint, dass in einer Partnerschaft das Geben und Nehmen so ausgeglichen gestaltet werden sollte, dass es für beide stimmt. Wenn ein Paar eine Familie gründet, ist es wichtig, dass sich die Eltern darauf verständigen, wer sich wann um das Kind kümmert und wer hauptsächlich die finanzielle Seite abdeckt. Wenn die Frau beispielsweise dem Mann die Berufsausbildung finanziert, sollte sich das Paar verständigen, wie ein Ausgleich geschaffen werden könnte. Wird dies nicht getan, bleibt der Mann «in der Schuld der Frau». So kann die gesunde Dynamik der Partnerschaft gestört werden.

Eltern-Kind-Beziehung

Zwischen Eltern und Kindern ist ein Ausgleich nicht möglich. Familiensystemisch gesehen bleiben die Kinder ihren Eltern gegenüber immer in der «Schuld». Das ist nicht moralisch zu bewerten. Daher ist es wichtig, dass sich die Kinder, wenn sie groß sind, von ihren Eltern lösen. Hier kann ein Ausgleich auf anderer Ebene stattfinden: Sie können das, was sie als Kinder von ihren Eltern empfangen durften – nämlich das Leben –, weitergeben, indem sie selbst Kinder bekommen oder sich in intensiver Weise einer Sache oder einem Projekt widmen.

Die Ordnung

Es gelten Regeln, die das Zusammenleben in geordnete Bahnen lenken. Dazu zählen wir gemeinsame Normen und Rituale, Überzeugungen und Tabus, die für alle verbindlich sind. Zum Beispiel werden in der Familie die Jahresfeste besonders gefeiert, es gibt bestimmte Angewohnheiten an den Wochenenden, es wird vor dem Essen gebetet oder es gibt feste Essenszeiten. So wird aus Beziehungen ein System mit Ordnung und Struktur. Es ist daher eine besondere Herausforderung für neue Partner, sich aus den gewohnten Ordnungen ihrer jeweiligen Ursprungsfamilie herauszulösen und eine neue eigene Ordnung für ihre gemeinsame Beziehung zu entwickeln.

Das Gewissen – die innere Stimme

Das Gewissen ist die innere Stimme eines Systems. Es ist der Gleichgewichtssinn in Beziehungen. Es «wacht» gewissermaßen über die Bindung, den Ausgleich und die Ordnung; es wacht also darüber, ob eine Haltung oder ein Verhalten das Zugehörigkeits-Gefühl fördert oder ihm schadet. Das gute und das schlechte Gewissen dienen dem Ziel, unsere Bindung an unsere Wurzeln zu sichern, mithilfe des Ausgleiches und der Ordnung.

Bedeutung für die Familie

Wir werden in unsere Familie hineingeboren. Wir haben Eltern, Großeltern, Geschwister. Für die familiensystemische Dynamik ist es nicht von Bedeutung, ob die Eltern sich getrennt haben oder wir die Eltern nicht kennen. Früher oder später wird jeder die enorme Kraft, die von seiner Herkunftsfamilie ausgeht, spüren. Kinder, die ihre Eltern nie kennengelernt haben, werden irgendwann eine Sehnsucht in sich entdecken; und zwar auch dann, wenn ihnen verschwiegen wurde, dass sie andere biologische Eltern haben. Diese Sehnsucht nach den leiblichen Eltern in uns ist sehr tief und fest verankert (Bindung). Sie kann sich auf unterschiedliche Weise bemerkbar machen, etwa durch depressive Verstimmungen, das Gefühl der Leere, Schlaflosigkeit, Schwierigkeiten in sozialen Beziehungen, aggressives Verhalten oder auch Konzentrationsstörungen.

Es ist die intensive Bindung an unseren Ursprung, die wir auch Urliebe nennen und instinktiv spüren. Jeder von uns sollte die Möglichkeit haben, seine leiblichen Eltern kennenzulernen oder möglichst viel über sie zu erfahren.
Für Kinder, die bei Pflege- oder Adoptiveltern aufwachsen, ist es wichtig, dass beide – die leiblichen Eltern und die Adoptiveltern – präsent und akzeptiert sein dürfen. Adoptiveltern können nicht die leiblichen Eltern sein. Sie leisten Hervorragendes und geben den Adoptivkindern ein Zuhause. Sie sind aber die Adoptiveltern, nicht die Eltern, und stehen familiensystemisch gesehen auf dem zweiten Platz. Dabei ist der erste Platz nicht besser als der zweite. Die Berücksichtigung dieser Tatsache hilft Adoptivkindern, gut heranzuwachsen. Die leiblichen Eltern können dabei in ihrer Würde bleiben.

Unsere Seele «weiß» um die oben genannten Zusammenhänge. Das bedeutet, dass wir in unserem Unterbewusstsein um die Konflikte oder Verstrickungen wissen. Durch eine Familienaufstellung mit Stellvertretern oder Figuren (Playmobil-Aufstellung oder mit Zetteln oder Kissen) sind wir in der Lage, die Dynamik, die in der Ursprungsfamilie herrscht, darzustellen. Wenn wir auf diese Weise Verstrickungen (Konflikte) aufdecken, können wir versuchen, wieder eine familiensystemische Ordnung herzustellen. Hierzu ein Beispiel: Ein Familienangehöriger wurde infolge einer schlimmen Tat, die er begangen hat, aus der Familie ausgeschlossen. Oder es wird nach einer Trennung über Vater oder Mutter nicht mehr oder nur schlecht gesprochen. Auf diese Weise hat diese Person keinen Platz mehr im System. Dieses Ungleichgewicht im Familiensystem kann sich auf alle Mitglieder dieses Systems auswirken. Oftmals fühlen sich Kinder oder Enkel unbewusst dafür verantwortlich, dieses System wieder in ein Gleichgewicht zu bringen und den Ausgestoßenen in das Familiensystem zu holen. Konkret bedeutet es, dass beispielsweise ein Vater, der sich getrennt hat, als Vater weiter geachtet wird, er seine Kinder regelmä-

ßig sehen darf und aufgehört wird, ihn ständig zu beschuldigen etc. So kann sich das «System Familie» beruhigen.
Es scheint für unser Leben von existenzieller Bedeutung zu sein, unseren Ursprüngen voll und ganz zuzustimmen. Und zwar in dem Sinn, dass wir ganz zustimmen, dass unsere Eltern unsere Eltern sind. Wenn Sie daher eine konfliktreiche Beziehung zu Ihren Eltern haben, ist es wichtig, diesen Schritt innerlich wirklich zu vollziehen und dabei die Gründe des Konfliktes außer Acht zu lassen. Diese stehen auf einem anderen Blatt. Meist kann dies nur durch eine therapeutische Begleitung gelingen.

In der familiensystemischen Arbeit hat sich gezeigt, dass es komplexe Sachverhalte gibt, die durch eine Familienaufstellung allein nicht zu lösen sind. Insbesondere in der Arbeit mit kleinen Kindern, die unter schweren Erkrankungen oder Störungen leiden, konnten wir immer wieder erkennen, dass der Ursprung des Problems nicht allein im Familiensystem zu finden war. Hört man diesen Kindern aufmerksam zu, erfährt man, dass sie noch einen engen Bezug zu anderen Wirklichkeiten haben als lediglich zu den Realitäten dieses Lebens: Sie erinnern sich oftmals an frühere Inkarnationen. Hier möchte ich auf das Buch von Erika Isolde Schäfer verweisen «Mama, glaub mir, ich habe schon einmal gelebt – Kinder malen ihre früheren Leben – Reinkarnationstherapie mit Kindern».

Rückführungen oder Regressionstherapie

Rückführung oder Regression heißt für mich: Ich führe dahin zurück, wo der Ursprung des Problems liegt. Seit den 60er-Jahren des letzten Jahrhunderts hat sich eine Technik etabliert, die wir Rückführungs- oder Regressionstherapie nennen. Durch sie können wir einen Zugang zu unserem Unterbewusstsein erhalten und somit zu Erfahrungen und eventuellen Traumata, zu denen wir mit unserem Alltagsbewusstsein keinen Zugang haben.
Psychologen und Psychotherapeuten stellten fest, dass Bilder und Erfahrungen aus dem Unbewussten von Klienten ihren Ursprung auch in einer anderen Zeit haben können. Mittlerweile wissen wir, dass unsere Seele in der Lage ist, Erfahrungen abzuspeichern, die nicht aus unserem jetzigen Leben stammen und die wir auch nicht selbst erlebt haben müssen, sondern vielmehr uns nahestehende Vorfahren. So gibt es immer wieder Hinweise, dass Kinder und Enkel von Menschen aus Kriegsgenerationen das Wissen um deren schwere Erfahrungen in sich tragen, obwohl sie diese Erfahrungen persönlich nicht gemacht haben. Dieser Sachverhalt hat sich durch die therapeutische Arbeit seit Beginn des Ukraine-Krieges bestätigt. Dabei ist es individuell, ob sich diese Erfahrungen als Glaubenssätze in unserem Unterbewusstsein festgesetzt haben und so unsere heutige Handlungsweise beeinflussen oder nicht.

Unser Unterbewusstsein steuert unser Verhalten: Es ist wichtig, zu wissen, dass mehr als 90 Prozent unseres Verhaltens durch Informationen, die in unserem Unterbewusstsein abgespeichert sind, bedingt sind. Wir können immer wieder erleben, dass wir in bestimmten Situationen in ähnlicher Weise reagieren, auch wenn es sich um unterschiedliche Lebenssituationen und unterschiedliche Personen handelt. Beispielsweise können wir erleben, dass wir in verschiedenen Partnerbeziehungen in ähnlichen Situationen dieselben Verhaltensmuster zeigen. Das kann sich wie ein roter Faden durch unser Leben ziehen. Nur können wir uns die Ursache dafür meist nicht erklären.

An dieser Stelle möchte ich Ihnen das Buch «Der Sinn von allem, was einst war – Das holographische Modell der Regressionstherapie» von Erika Schäfer empfehlen.

Teil 2

Ich glaube daran, dass das größte Geschenk, das ich von jemandem empfangen kann, ist, gesehen, gehört, verstanden und berührt zu werden.
Das größte Geschenk, das ich geben kann, ist den anderen zu sehen, zu hören, zu verstehen und zu berühren. Wenn dies geschieht, entsteht Beziehung.
Virginia Satir (1916-1988)

Das Wassermann-Zeitalter: Ein Aufruf zur Transformation?

Das Zitat von Virginia Satir ist eine wunderbare Überleitung vom ersten Teil zum zweiten Teil dieses Buches.

Diesen zweiten Teil widme ich grundsätzlichen Themen, die im weitesten Sinn mit der Entwicklung der Menschheit zu tun haben. Seit der Corona-Pandemie ist deutlich geworden, dass die Welt anders tickt als bisher. Dieser Prozess hat sich seit langer Zeit angekündigt. Doch war das Leben in den Industrienationen so festgefahren, dass eine Änderung unmöglich erschien. Vielen Menschen war bewusst, dass es «so» nicht weitergehen könne; nicht wenige befürchteten das Ausbrechen von Bürgerkriegen oder ähnliches. Dass eine Viruspandemie viel wirkungsvoller sein konnte, mussten wir erst begreifen lernen. Das «so» möchte ich im Folgenden näher erläutern.

Wir sind in ein neues Zeitalter eingetaucht: Das Wassermann-Zeitalter hat das Fische-Zeitalter abgelöst. Was das bedeutet, können Sie in den folgenden Beiträgen nachlesen.
Aus meiner Sicht will uns Corona als weltweite Pandemie eine Botschaft mitteilen. Was bedeutet dies für den Einzelnen und für

die Welt? Was könnte der Auftrag für jeden Einzelnen von uns sein?

Der erste Beitrag über Corona stellt sozusagen das Fundament der Betrachtungen dar. Auf diesen bauen die anderen Artikel auf; sie sind aber auch in sich abgeschlossen.
Viele LeserInnen sind wahrscheinlich des Themas überdrüssig. Ich möchte Sie ermuntern, es dennoch zu tun. Der vorliegende Beitrag über Corona führt Sie von einer gänzlich anderen Seite an die Thematik heran; sie hilft Ihnen, ein Verständnis zu entwickeln für diese bedeutende Zäsur, die wir erleben durften.
In diesem Zusammenhang ändern sich viele menschliche Qualitäten, allen voran die sozialen Beziehungen: die Beziehung zu mir selbst und die Ich-Du-Beziehungen und damit verbunden jede Form von Gemeinschaftsbildung. Damit verbunden ist es wichtig, weitere menschliche Qualitäten zu beleuchten wie «Inneres Kind», Vorbildsein, Kränkung, Angst, Gewalt und Macht, aber auch Freiheit, Humor und Liebe.

Corona, die Krönung – mit einem Katapult in ein neues Zeitalter?

In den Industrienationen schien die Welt äußerlich betrachtet in Ordnung zu sein. Schauen wir genauer hin, stellen wir fest: Neben dem Reichtum zeichnet sich seit Jahren eine seelische Atemlosigkeit und Verarmung ab. Der Konsum an Psychopharmaka und Schlafmitteln erreicht nie dagewesene Höhen. Leben wird immer mehr an materiellen Maßstäben gemessen. Was zählt, ist Leistung, Streben nach Erfolg und Karriere . Alles andere wie Familienleben, Gestaltung von Beziehungen und Partnerschaft sowie Betreuung unserer Kinder scheinen sich dem immer mehr unterzuordnen.
Daneben stellen wir fest: Naturzerstörung, Umweltverschmutzung, Ausbeutung der Tier- und Pflanzenwelt, Konsumstreben inkl. Ausbeutung der sogenannten Dritten Welt und damit deren krankmachende Abhängigkeit beherrschen den Alltag in den Industrienationen.
Kein Chaos? Doch – seit Jahrzehnten!

Astrologisches Weltgeschehen – das Jahr 2020

Astrologisch begann das Jahr mit der Konjunktion von Saturn und Pluto (12. Januar). Zwei machtvolle Planeten traten nah zusammen (Konjunktion). Saturn ist astrologisch bekannt für Verantwortungsbewusstsein, Struktur und Gewissenhaftigkeit; Pluto steht für Macht–Ohnmacht, Wachstum und Veränderung.

Man weiß aus der Geschichte, dass die «geballte» Ladung einer solchen Konjunktion großartige Veränderungen im wahrsten Sinne des Wortes zu bewirken vermag – im schöpferischen wie im zerstörerischen Sinne. Eine solche Konjunktion gab es zuletzt 1518. 1517 hat Luther 95 Thesen in Wittenberg verfasst. In seiner Schrift klagte er den geschäftsmäßigen Handel und somit Missbrauch von Ablassbriefen an.

Ablass ist ein Relikt der katholischen Kirche und meint das Erlassen von Sündenstrafen. Richtig bekannt wurden diese Thesen, weil Freunde von Luther diese in lateinischer Sprache verfassten 95 Thesen übersetzten und sie als Buch (druckten. Auf diese Weise erfuhr die Welt davon – eine historische Tat mit einer ebensolchen bedeutungsvollen Wirkung. Die Reformation war eingeläutet, das Mittelalter definitiv beendet!
Das damalige Finanzsystem der «geistlichen und weltlichen Macht» brach zusammen. Anthroposophisch gesprochen war die Ära der Bewusstseinsseele geboren; eine neue Zeitepoche begann. Global gesprochen zeigen sich die ersten Anzeichen vom Ende des Fische-Zeitalters und vom Beginn des **Wassermann-Zeitalters.** Der definitive Wechsel soll noch 500 Jahre andauern, aber der Beginn ist vollzogen und mit ihm soll eine enorme Bewusstseinsentwicklung des Menschen geschehen.

Ein neues Zeitalter – jetzt!

Das Wesen des Wassermann-Zeitalters besagt in groben Zügen:

- Denken, Handeln und Fühlen in Polaritäten (gute–böse, gut–schlecht) zu überwinden
- Individuelle Vernetzung umzusetzen
- Gutes für unsere Erde zu tun
- Individuelle und globale Verantwortung zu übernehmen
- Den Egoismus zu überwinden

Dies bedeutet in der Konsequenz, dass auch die Religion als Konfession, als Dogma, als «Du musst» überwunden werden sollte. Die 10 Gebote und andere allgemein verbindliche Anordnungen sind nicht mehr zeitgemäß; Verhaltensregeln sollten immer weniger von außen vorgegeben werden. Diese Werte sollten in jedem von uns entwickelt sein und leben. Vielleicht sind unter diesem Aspekt die Kriege, die wir derzeit haben, zu verstehen. Es sind überwiegend Religionskriege – ein letztes Aufbäumen einer alten Zeit?

Corona: der Beginn einer weltweiten Pandemie

Bereits zum Zeitpunkt der Saturn-Pluto-Konjunktion kündigte sich eine der größten Pandemien der Weltgeschichte seit dem 2. Weltkrieg an: die Covid-19-Pandemie oder kurz Corona-Pandemie. Ausgangspunkt scheint beim Jahreswechsel 2019/20 eine Erkrankung mit einem Corona-Virus in China zu sein. Rasant breitet sich das Virus weltweit aus. Ende März 2020 werden über 300 000 Infizierte weltweit und knapp 15 000 Tote gezählt, Ende Juni 2020 circa 10 Millionen Infizierte und knapp eine halbe Million Tote. Im November des darauffolgenden Jahres sind es etwa 257 Millionen Infizierte und 5,1 Millionen Tote, und im September 2022 verzeichnen wir 615 Millionen Infizierte und circa 6.5 Millionen Tote.

Über Statistiken lässt sich streiten – ob alle Verstorbenen ursächlich an Corona verstorben sind oder ob sie verstorben sind und zufällig auch coronapositiv waren, ob die Infizierten leichte oder schwere Verläufe hatten. Das ist aus meiner Sicht nicht relevant; vielmehr wollen wir doch verstehen, was uns das Auftreten von Corona sagen will!

Wir konnten unschwer erkennen, dass die Welt sehr durcheinander geraten war und dass dieses Durcheinander trotz Impfkampagnen und Schutzmaßnahmen nicht überwunden wurde oder eine solche Überwindung im Ansatz erkennbar gewesen wäre. Auch bestand die Neigung zur Spaltung. Diese hatte ihren Ursprung jedoch nicht in unterschiedlichen politischen Haltungen, sondern in der Gesellschaft, da sich viele Menschen vehement und emotional positionierten sowie polarisierten.
Wir lebten den Moment einer Wende, die durch die Corona-Pandemie eine starke Zäsur erfahren hat! Und aus meiner Sicht leben wir diese Wende noch heute. Dieses Durcheinander können wir nur überwinden, wenn wir uns bemühen, den Zeitgeist zu verstehen.

Der erste Lockdown März 2020: Die Welt hält den Atem an! Aber auch: Die Welt fängt wieder an, zu atmen!

Im ersten Lockdown trat eine unglaubliche Ruhe ein, die Hektik des Alltags kam weltweit zum Stillstand. Die Natur und die Tiere eroberten sich in wenigen Wochen ihren Lebensraum zurück. Wer hätte damals gedacht, dass die Natur in der Lage ist, so rasch zu reagieren?

Was ist geschehen? Mit unglaublicher Wucht hatte sich eine Viruserkrankung ausgebreitet, die insbesondere entkräftet, die Lunge betrifft und den Geruchssinn beeinträchtigt.
PolitikerInnen und SchulmedizinerInnen setzten auf die Impfung; das hatten sie immer schon getan, weil sie es nicht anders kennen und wissen wollen. Die Geschichte zeigt jedoch, dass es keine Krankheit gibt, die allein durch ein enormes Impfprogramm «ausrottbar» wäre. Das kennen wir von den Pocken, Tbc, Poliomyelitis, letztendlich auch von der Grippe, wie wir jedes Jahr feststellen können. Andere Faktoren müssen hinzukommen, damit die Überwindung einer Krankheit gelingt – immer!

Aufschrei der Welt? Welche Botschaft hat Corona?

Es war sehr interessant, festzustellen, dass Corona in erster Linie die Menschen entkräftete, ihnen also Lebensenergie nahm; zugleich war fast immer die Lunge betroffen.
Die Lunge ist das Organ, das uns an die Erde bindet. Es ist das Inkarnationsorgan! Der erste Atemzug, meist als Schrei des Neugeborenen, verkündet diese Ankunft, der letzte kündet die Loslösung an.
Die Lunge und die Atmung gehören zu den rhythmischen Organen. Sie bilden zusammen mit dem Herzen das Zentrum des Menschen und zugleich das rhythmische System, dessen seelisches Äquivalent das **Gefühl** ist. Das rhythmische System ist Träger unseres Seelenlebens, und es ist Vermittler zwischen «Oben» und «Unten», zwischen Denken und Handeln, also zwischen dem

Nerven-Sinnespol (seelische Qualität Denken) und dem Stoffwechsel-Gliedmaßen-System (seelische Qualität Wille/Handeln). Darüber hinaus war der Geruchssinn bei der Coronaerkrankung meist irritiert; der Sinn, der uns erlaubt zu riechen und uns als seelische Qualität die **Moral** lehrt. Bei den meisten war in der Folge die Beeinträchtigung des Geschmackssinnes mitbetroffen; der Sinn, der uns die Qualität bzw. die Sensibilität des «Gesund–Ungesund» vermittelt.
Das ist doch sehr interessant, dass Corona diejenigen Sinne beeinträchtigte, die mit den Qualitäten der Moral und des Gesund–Ungesund zu tun haben. Es hätte ja auch Seh- oder Tastsinn betroffen sein können.
Unsere Welt ist seit langem im Chaos, machen wir uns nichts vor: Unser Lebensalltag in den Industrienationen hat viele zerstörerische Elemente: individuell, für die Gesellschaft und die Welt. Seit Jahrzehnten war es eine Frage der Zeit, wie lange das gutgehen mag. Durch Corona wurde das bestehende Chaos in einer unglaublichen Geschwindigkeit sichtbarer.

Wie können wir das Chaos schöpferisch überwinden?

Aus meiner Sicht ist jeder von uns aufgerufen, sich mitverantwortlich zu fühlen. Mein Eindruck ist, dass wir unser Leben kritisch hinterfragen sollen, die verschiedenen Bereiche überprüfen, die verändert werden müssen – wie z. B. unser Konsumverhalten, unsere enorme Reisefreudigkeit und die weltweiten Konsequenzen daraus, den CO2-Ausstoß (mit Berücksichtigung des Fleischkonsums), die Monokultur in der Landwirtschaft, die Ausbeutung der Dritten Welt, die Neugestaltung einer modernen Pädagogik und Schulform sowie einer modernen Therapie und Medizin.

Diese Bereiche sollten wir mithilfe der Qualitäten, die im neuen Wassermann-Zeitalter gelernt und gelebt werden sollen, vergleichen und «begutachten»; wir sollten in die Klarheit und Authentizität kommen (ehrlich der Welt und uns selbst gegenüber sein), Polaritäten überwinden, Schuldzuweisungen uns selbst und anderen gegenüber beenden und stattdessen Gesten lesen und verstehen und zudem lernen, «die Mutter Erde» als Wesen wahrzunehmen, zu achten und zu würdigen.

Gerne möchte ich an dieser Stelle einige Beispiele anführen: Tierhaltung: Ist die Art und Weise der **Tierhaltung** für den Menschen und seine Gesundheit, für die Tiere und ihr Leben sowie für die Umwelt sinnvoll organisiert oder nicht? Etwa zehn Prozent des weltweiten CO2-Ausstoßes entstehen durch die Landwirtschaft. Wir wissen, dass übermäßiger Fleischkonsum eine gesundheitsgefährdende Wirkung haben kann: für mich persönlich und schließlich für die Welt.

Schule: Ist die heutige **Schulform**, deren Ursprünge mehr als 100 Jahre zurückliegen, noch sinnvoll oder nicht? Sind Leistungsnachweise und Druck in der heute gelebten Form adäquate Mittel, um Kinder zu selbstständigen, kreativen Menschen heranzubilden? Ist die Lehrerausbildung heute dafür geeignet? Die Tatsache, dass weit mehr als 50 Prozent der Kinder und Jugendlichen während ihrer Schullaufbahn eine psychische Krise durchlaufen, kann ein Hinweis sein, dass wir die Schulform entsprechend der heutigen Kindergeneration und ihren Bedürfnissen entwickeln sollten. Ich darf in diesem Zusammenhang an das erwähnte Buch «Lernwelten. Das Leben bildet» erinnern.

Medizin: Ist der symptomorientierte Ansatz in der Therapie von Patientinnen und Patienten in den meisten Fällen sinnvoll und zukunftsweisend? Die Ärzte sind angehalten, sogenannten «Standards» zu folgen; also einem Schema, das vorgibt, welche Therapie bei welcher Erkrankung einzuschlagen ist. Dabei wird der Mensch in seiner Individualität nicht berücksichtigt.
Sind im Medizinstudium Gesprächsführung, Arzt-Patienten-Beziehung, Intuition, den «richtigen Riecher» entwickeln schon Bestandteil der medizinischen Ausbildung – oder sind diese Themen nach wie vor verpönt?

Was kann bzw. soll der Einzelne tun?

Erinnern Sie sich, in welchem Maß die ganze Menschheit während der Corona-Pandemie monatelang mit dem Thema «Corona» beschäftigt war. Das gab es noch nie. Wichtig war und ist, Wesentliches herauszuarbeiten, das der Menschheitsentwicklung Rechnung trägt, und nicht in Polaritäten abzudriften. Wir stecken momentan in einer sehr wichtigen Evolutionsphase, die eine erhebliche Transformation unseres Bewusstseins zur Folge haben sollte; diese wird Jahrzehnte andauern. Das Leben vor Februar 2020 wird es in dieser Form nicht mehr geben. Aber überall da, wo etwas zu Ende geht, darf und kann etwas Neues entstehen. Die Wassermann-Qualitäten können uns dabei helfen, Schritt für Schritt diese Transformation zu gehen.

Wie kann eine Transformation gelingen?

Es könnte helfen, wenn jeder von uns versuchen würde, bei den Begegnungen des Alltages innerlich innezuhalten und nicht sofort ein Gefühl dazu zu entwickeln. Somit könnte ich lernen, die Botschaft der Ereignisse und Entwicklungen wahrzunehmen. Wenn ich innerlich voreilig urteile, verschließe ich mich vor einem Teil meiner Wahrnehmung. Ich muss gestehen, dass mir diese Haltung beim Thema Corona-Impfungen bei Kindern sehr schwergefallen ist: Mich also innerlich zurückzulehnen, um die Geste zu erfassen. Offenbar durchlebten wir in der Corona-Pandemie eine Lebenssituation, die alle, wirklich alle Menschen erfassen sollte.

Daher sollten wir auch beim Thema Kinderimpfungen lernen, die Geste zu verstehen. Es werden künftig noch Ereignisse auf uns einstürmen, die uns herausfordern werden. Da bin ich mir sicher. Doch bleiben wir dran: Wir hatten es mit einem Virus zu tun, das unsere Lebensenergie schwächte, sehr oft unser Inkarnationsorgan, die Lunge, angegriffen hat und unsere Moral berührte. Dieses Virus änderte sich ständig, so wie wir es von Viren, wie beispielsweise dem Grippe-Virus ja gewöhnt sind. Im Jahr 2020 waren überwiegend alte Menschen mit chronischen Krankheiten betroffen, 2021 wurden die Verläufe bei gesunden Menschen zwischen 30 und 60 Jahren oftmals unerwartet heftig, so dass wir sagen können: Corona im November 21 war eine andere Erkrankung als im Herbst 2020; nehmen wir dies ernst!

Weiter haben wir gesehen, dass die Impfungen nur befristet erfolgreich waren. Es schien unterschiedlich, wie lange der Einzelne gegen eine Erkrankung geschützt war. Bei den Genesenen scheint der Schutz länger anzuhalten. Und wir konnten davon ausgehen, dass nicht alle Menschen die Corona-Impfung vertragen. Sowohl die Impfung als auch das Durchmachen der Coronaerkrankung führte bei einigen Menschen zum Teil zu schweren Komplikationen. Nehmen wir auch dies wahr und ernst!

Die Erkenntnis, dass wir seit vielen Jahrzehnten eigentlich im Chaos leben und sich dies durch Corona im Besonderen darstellte und uns förmlich «um die Ohren flog», mag uns helfen, notwendige Veränderungen zu erkennen, diesen Wandel zu wollen und diesen Wechsel auch wirklich umzusetzen. Es wäre fatal, wenn wir mit dem Vergessen-Wollen von Corona auch die Botschaften und die Aufgaben, die sich damit verknüpfen, vergessen.

Inneres Kind – Vorbildsein

Im letzten Kapitel hatten wir das folgende Zitat von Krishnamurti bereits aufgegriffen. «Ich habe nichts gegen das, was geschieht.»

Jiddu Krishnamurti (1895-1986) war ein indischer Philosoph. Mit diesem Zitat greift er etwas Wesentliches auf: Können wir die Ereignisse des Lebens, die sich uns präsentieren, so nehmen oder stellen wir sie infrage? Ich muss deswegen nicht einverstanden sein mit den Ereignissen; aber sie erst einmal so anzunehmen, wie sie sind, erlaubt mir, eine offenere und umfassendere Wahrnehmung der Situation zu behalten.
«Ich habe nichts gegen das, was geschieht» ist eine grundsätzliche Frage meiner persönlichen Haltung, die in besonderen Zeiten wie beispielsweise in der Corona-Pandemie eine große Auswirkung auf mein Wohlbefinden hat. Wenn ich andere für die Ereignisse meines Lebens verantwortlich mache, wird es mir schwerfallen, die Ereignisse oder Veränderungen des Lebens so hinzunehmen, wie sie sind.

Mein inneres Kind – was ist das?

Mein inneres Kind ist meine Anlage, die ich mitgebracht habe, mein Potenzial und meine Schöpferkraft, mein inneres Anliegen, mein innerer Impuls, weswegen ich geboren bin.
Nun gibt es individuelle oder familiensystemische Erfahrungen, die mich daran hindern, ganz mein Potenzial oder meine Schöpferkraft zu leben. Oder andersherum betrachtet: Wo bin ich noch nicht erwachsen geworden, wo bin ich abhängig und verletzbar? Wo gibt es noch Glaubenssätze, die meine Reifung zum Erwachsenwerden behindert haben?
An dieser Stelle möchte ich eine Zusammenfassung von Diplom-Psychologin Erika Schäfer über das Erwachsensein zitieren:
Der Erwachsene kann seine Wünsche und Bedürfnisse zurückstellen, wenn es notwendig ist. Er überprüft erst, ob seine Wünsche realistisch sind oder nicht, ob sie ihm selbst oder ande-

ren schaden. In Beziehungen sieht er, was der andere geben kann oder will, und fordert nicht mehr ein. Er kann für etwas Wichtigeres auf seine unmittelbaren Bedürfnisse verzichten: zum Beispiel für einen Partner, für eine Gemeinschaft, für eine Aufgabe.

Der Erwachsene ist unabhängig. Er kann Entscheidungen allein treffen, weil er gelernt hat, seine Entscheidungen von innen heraus, aus seiner Seele zu treffen, denn er ist ganz bei sich. Das heißt nicht, dass er sich nicht den Rat anderer einholt; er tut dies aber nur, um Denkanstöße zu bekommen und um letztlich selbst entscheiden zu können.

Der Erwachsene reflektiert, überprüft, hinterfragt. Er ist fähig, Verantwortung zu tragen und kann zu seinen Entscheidungen und Taten stehen. Das ist ihm keine Last, sondern eine Freude.

Der Erwachsene kann vorausschauend planen und vorausgegangene Erfahrungen mit in seine Überlegungen einbeziehen. Er handelt nicht aus dem Moment, sondern aus der Erfahrung.

Der Erwachsene kann seine Emotionen steuern. Er mutet dem anderen nur zu, was dieser verstehen kann. Er braucht nicht mehr projizieren, also für seine Unzulänglichkeiten andere verantwortlich machen. Er übernimmt die Verantwortung für seine Emotionen, und diese haben Tiefe und Dauer und sind nicht so momentabhängig wie bei einem Kind.

Der Mensch, der diese Reife erlangt, wird wieder lebendig, neugierig und abenteuerlustig wie ein Kind; er bleibt also jung. Die alten Postulate, die wir in der Kindheit gelernt haben (wie Pflicht, Verantwortung und Disziplin), verlieren ihre Schwere und bilden die Basis für Freiheit und Glück.

Ganz erwachsen zu sein, heißt, wieder frei, leicht und offen zu sein wie ein Kind.

Vorbild

Wir sind Vorbild – immer und überall! Ob wir das wollen oder nicht, ist dabei nicht wichtig. Vorbild sind wir unseren Mitmenschen, unserem Umfeld gegenüber, nicht nur unseren Kindern. Dabei kommt es nicht so sehr darauf an, was wir sagen, sondern wie unsere innere Haltung, unsere Gesinnung, unsere Gedanken und Gefühle, letztendlich unsere Handlungen sind. Diese manifestieren sich im Außen und werden bewusst oder unbewusst von unserem Umfeld aufgenommen.

Das bedarf der Klarheit, Authentizität und Transparenz in unserem täglichen Tun. Denn sind wir nicht authentisch, echt, verwirren wir insbesondere die Kinder, die unsere Glaubwürdigkeit zu ihrer Orientierung im Leben dringend brauchen. Aber eigentlich brauchen das alle Menschen.

Kränkung

Mich kann niemand beleidigen, wenn ich es nicht zulasse.
Einerseits: Kränkung, wer kennt dieses Gefühl nicht. Eine Diskussion, ein Wort, manchmal nur eine Geste, und uns wird ganz heiß, Gedanken und Gefühle schießen durch unseren Körper, sie überrennen uns, wir haben Mühe, uns zu kontrollieren, wir fühlen uns zunehmend elend, es wirft uns aus der Bahn.
Eine Kränkung ist immer ein Ereignis auf der Ebene einer Ich-Du-Beziehung. Mein Hund oder mein dreijähriges Kind beispielsweise können mich nicht kränken, denn die Ich-Du-Beziehung ist nicht auf Augenhöhe.

Kränkung ist meine Sache!
Mein Gegenüber ist in der Regel nicht dafür verantwortlich, dass ich sein Handeln als Kränkung empfinde. Die Kränkung, die sich bei mir einstellt, hat mit mir zu tun: mit meinen Erfahrungen, meiner Biographie, meinen Hürden oder Verstrickungen, die mir aufzeigen, wo ich noch verletzbar bin. Ich könnte meinem Gegenüber geradezu dankbar sein, dass es mich auf meine «Baustellen» aufmerksam macht.

Andererseits:
Die Welt wandelt sich mit großer Geschwindigkeit, insbesondere seit Januar 2020. Damit verändern sich die sozialen Beziehungen zwischen Ich und Du rasant, dasselbe gilt für die Bildung von Gemeinschaften in privater und beruflicher Hinsicht. Eine Neugestaltung ist erforderlich, um das alte Bewusstsein zu überwinden und hinter uns zu lassen. In der Gesellschaft und in den verschiedenen Konfessionen wurde an diesem «Bewusstsein der Polaritäten» festgehalten, wie Betrachtungen über Sünde und die 10 Gebote aufzeigen:
Gut–Schlecht, Richtig–Falsch sowie Gut–Böse wurden zu absoluten Richtwerten und Idealen. Vorstellungen über Recht und Unrecht oder Moral wurden so zementiert. Diese waren in den

letzten Jahrhunderten wichtig, damit die Menschen ein Gespür für die Richtigkeit ihrer Handlungsweise entwickeln konnten.

Nun ist es an der Zeit, dass wir der Entwicklung von Gemeinschaften und der Ich-Du-Beziehung Raum für Neugestaltung geben. Das hat zur Konsequenz, dass sich der die Bedeutung von Begriffen wie Machtverständnis, Moralvorstellungen, Freiheitsbedürfnis, Rechtsempfinden und Unrechtsbewusstsein verändert und verändern darf. Ein Wandel des Bewusstseins, eine Transformation wird sich daraus ergeben. Das scheint unsere Aufgabe für die nächsten Jahrzehnte, vielleicht sogar Jahrhunderte zu sein.
Daher: Versuchen Sie, den Gestaltungsraum im sozialen Miteinander in Ihrem Leben zu nutzen. Das ist prinzipiell jederzeit möglich, egal wie dramatisch oder akut eine Lebenssituation sein mag.

Denken – Fühlen – Handeln

Reiz ⟷ **Reaktion**

Gestaltungsraum

Je nach Situation habe ich mindestens einen Zeitraum von einigen Sekunden – meist sogar etwas mehr –, um meine Reaktion so zu gestalten, wie es mir entspricht. Ein kostbarer Gestaltungsraum! Konflikte müssen in der Regel nicht im Moment geklärt und besprochen werden. Das ist beruhigend. Denn so haben wir mehr Spielraum und emotionalen Abstand. Paare sollten sich regelmäßig verabreden, z. B. einmal pro Woche oder alle 14 Tage, um sich über ihren Alltag auszutauschen – idealerweise in einem Moment der Ruhe ohne Kinder und ohne Telefon in einer wohlwollenden Atmosphäre. Das ist auch bei beruflichen Partnerschaften wichtig. Ich nenne das «Seelenhygiene» bei der Gestaltung von Gemeinschaften.

Die wichtigste Qualität, wenn ein Reiz oder ein Ereignis auf mich einstürmt, ist die Bereitschaft zu fühlen. Diesem Gefühl sollte ich den erforderlichen Raum geben, die auftretende Emotion wahrnehmen und ernst nehmen – allerdings, ohne mich zu einer unmittelbaren Handlung treiben zu lassen. Vielmehr sollte mich das Gefühl leiten, die Handlung zu gestalten. Das Gefühl ist dann Mediator in meinem Gestaltungsprozess, der immer die Ich-Du-Beziehung im Auge behält. Wir kennen dies als Resilienz, dass wir ganz bei uns bleiben können, ohne in der momentanen Situation emotional abzugleiten oder sie zu be- bzw. verurteilen. Menschen mit einer hohen Resilienz verhalten sich kompetent und sind belastbarer in schwierigen Situationen.

Wie kann ich mich vor Kränkung schützen?

Nun werden wir feststellen, dass wir bei bestimmten Ereignissen («Reizen») noch verletzbar und rasch im Widerstand sind. Es gibt Ereignisse, die «machen mich noch fertig»; da werden wir von der Wucht der Gefühle, die auf uns einstürmen, förmlich umgehauen. Und so kennen wir auch Menschen, mit denen wir von der ersten Begegnung an im Konflikt stehen. In solchen Situationen fällt es uns schwer, den Gestaltungsraum zu bearbeiten.

Es ist nun eine Herausforderung, herauszufinden, wo genau wir noch verletzbar sind. Wann fühle ich mich gekränkt? Wo lebe ich noch im Widerstand? Warum habe ich mit diesem einen Menschen von Anfang an Schwierigkeiten?

Dies impliziert eine Bedingung: Dass ich wirklich die Umstände, die Ursache meiner Verletzlichkeit ergründen möchte. Dieser Impuls muss von mir ausgehen. Ist dieser Impuls nicht eindeutig, werden therapeutische Bemühungen kaum Wirkung zeigen.

Für mich persönlich war es hilfreich, den Gedanken zuzulassen, dass wir Menschen uns in anderen Leben und anderen Zusammenhängen bereits kannten und Konflikte vielleicht von dort in dieses Leben «herüberschwappen».

In der therapeutischen Arbeit können wir uns bewusst machen, ob es Konflikte dieser Art gibt oder ob ein anderes Thema dafür sorgt, dass wir immer wieder vor den gleichen Hürden stehen.
Es wird uns guttun, uns den Hintergrund dieser Hürden bewusst zu machen, damit unser Handeln nicht mehr von diesem ungelösten Konflikt beeinflusst wird.
Wenn uns dies gelingt, wird es uns zunehmend emotional besser gehen; wir werden stabiler, ausgeglichener und freudiger durchs Leben gehen. Widerstände, die uns in unserem Tun immer wieder begegnet sind, werden verschwinden. So werden wir immer mehr ganz bei uns sein können, ganz präsent und weniger verletzbar.
In der Regel reagieren wir «empfindlicher» auf Kränkungen bei Menschen, denen wir emotional nahestehen – wie Partner bzw. Partnerin, Kindern, Eltern, Geschwistern oder auch Großeltern als bei jemandem aus im Einkaufsladen oder im öffentlichen Verkehr. Dies ist natürlich und kann uns auf dem Weg, innerer Ausgeglichenheit zu üben, helfen. Unsere Kinder und unsere Partner sind in der Regel unsere besten Lehrmeister – gerade, weil sie uns emotional so nahestehen. Und ich bin den Menschen dankbar, die mich gekränkt haben; durch sie habe ich viel gelernt.

Gesellschaftliche Bedeutung und Verantwortung im Umgang mit Kränkung

Kränkung spielt in jeder Gemeinschaft eine Rolle: ob innerhalb der Partnerschaft, der Familie, in einer Schule, in einer Organisation oder in der Politik. Gerade in der Politik oder in ranghohen Positionen einer Organisation bin ich aufgerufen, verantwortungsvoll einer Aufgabe zu dienen. Oftmals stehen (jedoch) leider Egoismus und Machtgehabe im Vordergrund, wie wir das in der Politik bisweilen antreffen. Dies trübt die Qualität der anstehenden Arbeit.
Daher sollte es aus meiner Sicht Pflicht sein, dass für Personen in hohen Positionen und für Politiker Kurse angeboten werden, in denen sie lernen, ausgeglichen, präsent und authentisch zu sein,

ihren Egoismus und ihr Machtgehabe zu überwinden. So wird das Entstehen von Kränkung wenig Raum haben.
Je unempfindlicher ich gegenüber Kränkung bin, desto größer wird mein Beitrag für ein friedliches Miteinander sein können. Der Umgang mit Kränkung hat daher nicht nur eine persönliche, sondern eine wichtige gesellschaftliche Bedeutung. Jede ungelöste Kränkung kann den Boden für einen Konflikt und schließlich für eine kriegerische Dynamik legen. Umgekehrt: Je stabiler und ausgeglichener jeder Einzelne von uns ist und somit unempfindlicher gegenüber Kränkung, desto größer sein Beitrag für ein friedliches Miteinander. Dies wird uns im Moment exemplarisch vor Augen geführt: Putin als alleinigen Schuldigen zu bezeichnen, verfehlt die Realität der Geschichte.

Die Gestaltung sozialer Beziehungen, die Ich-Du Beziehungen wie auch die Gestaltung von Gemeinschaften liegen – auch unter dem Aspekt einer Friedensbewegung – in der Hand jedes Einzelnen (von uns). So gesehen haben wir es in der Hand, indem wir uns selbst reflektieren, schauen, wo wir noch verletzbar sind, und dies aufzulösen versuchen. Friedensaktivitäten jeder Art sind sehr lobenswert. Wie die Geschichte zeigt, haben sie jedoch keine nachhaltige und tiefe Wirkung. Die individuelle Stabilität und Präsenz, auch im Umgang mit Konflikten und Kränkungen, wird Garant sein für ein einvernehmliches Zusammenleben, für eine friedliche Entwicklung. Die Stabilität des Einzelnen wird sich auf die Stabilität einer Gesellschaft ausweiten.

Kränkung in Pädagogik und Medizin

Eine große Bedeutung hat das Thema der Kränkung auch für jeden Lern- und Therapie-Prozess, im Bereich der Erziehung, der Pädagogik und der Medizin im Allgemeinen.
Je mehr meine innere Haltung wie Wertschätzung, Begeisterung und Humor meinen Lebensalltag im Umgang mit Kindern und Jugendlichen prägen, umso mehr ebne ich den Weg, Kränkungstendenzen wenig oder keinen Platz einzuräumen. Dies funktio-

niert, wenn ich dies verinnerlicht habe und lebe: Nur dann kann ich auf eine authentische und klare Art Vorbild sein. Sonst durchschauen mich die mir anvertrauten Kinder und Jugendlichen, und mein Verhalten wird als nicht authentisch, als leere Hülle erlebt. Sind meine pädagogischen Werte so, dass ich die Lernziele eher durch Notendruck und Bestrafung, erreichen will, so helfe ich mit, einen fruchtbaren Boden zu schaffen, auf dem auch Kränkungstendenzen gut gedeihen können – mit entsprechenden gesellschaftlichen Konsequenzen und Gefahren.

In der **Medizin** ist es ähnlich: Wie kann ich einen Patienten so begleiten, dass er das Gefühl hat, in jedem Moment Herr seiner Lebenssituation zu sein? Auch hier darf ich Vorbild sein, in der Vermittlung von Wertschätzung, Authentizität und auch Begeisterung, die enorme Herausforderung der individuellen Erkrankung ganz anzunehmen, damit aus diesem Impuls der Annahme der Heilungsprozess sich gestaltet und vollzieht. Das ist ein sehr komplexer und individueller Vorgang, der immer wieder eine unglaubliche Wirkung hat.

Wie sich bei vielen Menschen gezeigt hat, hat die beschriebene Grundhaltung eine gesundheitsfördernde Wirkung, sie stabilisiert den individuellen Menschen in seinem Sein. Dies hat eine unmittelbare Auswirkung auf die Ich-Du-Beziehung, die Gesellschaft und das Miteinander der verschiedenen Kulturen. Ist das nicht grossartig?

Wie fruchtbar ist der kleinste Kreis,
wenn man ihn wohl zu pflegen weiß.
Johann Wolfgang von Goethe (1749-1832)

Gemeinschaften heute

Es ist ein grundsätzliches Bedürfnis des Menschen, in einer Gemeinschaft zu leben. Man könnte sagen, dass der Mensch in Gemeinschaft leben muss, weil er nicht dafür geschaffen ist, ganz für sich allein – beruflich und privat – zurechtzukommen.

Solange die Menschheit existiert, existieren auch Gemeinschaften. Wir können sie als Grundelemente der Gesellschaft, als ursprünglichste Form des Zusammenlebens bezeichnen: Familien, Freundschaften, Partnerschaften und Ehen, Sippen, Cliquen sowie «Clans» sind Beispiele von Gemeinschaftsformen.

Eine Gemeinschaft zeichnet sich aus durch ein emotionales Zusammengehörigkeitsgefühl, ein «Wir-Gefühl». Sie charakterisiert sich vor allem dadurch, dass ihre Mitglieder ein gemeinsames Ziel oder einen gemeinsamen Fokus haben. Doch nicht immer ist die Zugehörigkeit zu einer Gemeinschaft freiwillig; es gibt auch unfreiwillige Gemeinschaften.

Rasanter Wandel der Kommunikation und Mobilität

Heutzutage verspüren Menschen einen großen Drang, sich frei entwickeln zu dürfen, unabhängig zu sein und gesellschaftliche Zwänge abzuschütteln. In den letzten Jahrhunderten, vor allem seit der Industrialisierung, haben die Menschen eine enorme Entwicklung durchlaufen. Die rasante Technisierung im Mobilitäts- und Kommunikationssektor (Verkehrsmittel, Telegraphie, Telefon und Internet) sowie der Bewusstseinswandel haben das soziale Miteinander in den letzten hundert Jahren revolutioniert. Per SMS, Apps, Mails oder Telefonkonferenzen können wir uns weltweit mit mehreren Personen gleichzeitig in einem virtuellen Raum austauschen. Wir merken aber, dass diese Art der Kommunikation aus qualitativer Sicht eine andere ist als die des persönlichen Gespräches. Der Gedankenaustausch «von Angesicht zu Angesicht» gibt uns die Möglichkeit, die Kommunikation mit einer Stimmung aufzuladen bzw. die Mimik des Gegenübers und somit dessen Gemütszustand wahrzunehmen. Unsere Reaktion auf das, was wir beim Gesprächspartner wahrnehmen, fließt unmittelbar in das Gespräch ein, kann es sogar maßgeblich prägen.

Die genannten Entwicklungen im Bereich der Mobilität und Kommunikation haben selbstverständlich auch auf die Ausgestaltung von Gemeinschaften einen besonderen Einfluss: Zum einen ermöglichen sie den Menschen, schneller miteinander in Kontakt zu kommen und Gemeinschaften zu bilden. Auf der anderen Seite haben schnell und spontan geschlossene Gemeinschaften häufig weniger Tiefe und bieten ihren Mitgliedern weniger Konstanz und Verlässlichkeit.

Wie und wo entsteht eine Gemeinschaft?

Anhand der folgenden Beispiele lässt sich exemplarisch aufzeigen, in welcher Situation eine freiwillige oder eine unfreiwillige Gemeinschaft entsteht: Wenn heutzutage ein Paar heiratet, geht es freiwillig eine Lebensgemeinschaft ein. Keine Selbstverständlichkeit, denn in vorigen Jahrhunderten wurden die Frau und nicht selten auch der Mann – oftmals gegen ihren Willen – verheiratet. Auch heute gibt es noch Kulturen, in denen diese Art der aufgezwungenen Gemeinschaft üblich ist. Dies wird zunehmend problematisch, insbesondere wenn Familien aus diesen Kulturen hier bei uns leben. Die junge Generation wächst dann unter dem Einfluss unseres kulturellen Lebensalltags heran. Die jungen Menschen kommen unweigerlich in einen schweren Konflikt zwischen ihrer Ursprungskultur und der Kultur, in der sie leben und die sie in der Regel voll und ganz bejahen.

Die Kinder, die aus einer Ehe oder festen Partnerschaft entstehen, gehören dieser Gemeinschaft an. Ob sie freiwillig oder unfreiwillig Mitglieder dieser Gemeinschaft werden, ist eine Sache der persönlichen Betrachtungsweise und wird durchaus unterschiedlich beurteilt. Ich persönlich meine, dass Kinder sich ihre Eltern «aussuchen», also eine gewisse Freiwilligkeit von Seiten der Kinder besteht. Beleuchtet man dies genauer, kann man immer wieder feststellen, dass das Kind, aber auch Mutter und Vater durch das Bemühen, eine konflikthafte Beziehung zu überwinden, Entscheidendes für das Leben zu lernen vermögen. Eine familiensystemische Betrachtung und die Regressionstherapie sind zwei sehr gute vortreffliche Ansätze, einen solchen Weg erfolgreich zu beschreiten (siehe hierzu das Kapitel «Familiensystemische Betrachtungen und Rückführungen»). Auch in einem solchen Zusammenhang zeigt sich, dass unsere Kinder sehr gute Lehrmeister für uns sind. Ein schicksalhafter Weg ist nicht fest vorgeschrieben, und es bleibt immer in der Verantwortung der Eltern, eine Familie als Gemeinschaft in guten und schlechten Tagen aufrechtzuerhalten oder – falls das nicht geht – eine Trennung bestmöglich zu gestalten.

Gemeinschaften unter dem Aspekt des Bewusstseinswandels

Die Evolution der Menschheit durchläuft eine Entwicklung des Bewusstseins. Man könnte sagen, dass der Mensch aus diesem Grund aus dem Paradies vertrieben werden musste. Die Geburt Christi und sein Lebensimpuls bedeuten eine wesentliche Zäsur in der Bewusstseinsentwicklung der Menschheit. «Das Mysterium von Golgatha», das sich mit dem Kreuzestod Christi vollzog, ist das zentrale Ereignis der ganzen Erden- und Menschheitsentwicklung. «Mit ihm fand die eigentliche Geburt des menschlichen Ich als Individualität statt», so Steiner. Bedeutend sind auch die von Martin Luther formulierten Thesen. Erst mit der Geburt des menschlichen Ichs konnte die Bewusstseinsentwicklung voranschreiten. Die Menschen im Mittelalter standen auf einer anderen Bewusstseinsstufe als heute. Auch durchlaufen die einzelnen Kulturen, jede für sich, eine individuelle Bewusstseinsentwicklung. Rudolf Steiner hat dies in verschiedenen Vorträgen, die in der Literaturliste am Ende dieses Buches zu finden ist, beschrieben. Zwischenmenschliche Begegnungen und das Gestalten von Gemeinschaften unterliegen dem Einfluss unserer Bewusstseinsentwicklung. Ungeschriebene Gesetze der Gesellschaft bzw. des Stammes oder der Familie zwangen das Individuum in früheren Generationen, ein vorgegebenes Verhalten einzuhalten. Die damals selbstverständlichen und nicht hinterfragten Blutsbande funktionieren in den meisten Kulturen nicht mehr: Heute streben wir an, möglichst alle Gemeinschaften bewusst und freiwillig zu bilden und zu gestalten. Die erlangte Freiheit und das Bedürfnis nach Individualisierung sind für viele von uns noch sehr neu, so dass sie keine selbstverständlichen Elemente unserer Persönlichkeit geworden sind. So gesehen ist es verständlich, wenn der Anteil der Single-Haushalte, der geschiedenen Ehen und der Patchworkfamilien noch nie so hoch gewesen ist wie jetzt.

Die Liebe ist ein Erleben des anderen in der eigenen Seele.
Rudolf Steiner (1861-1925)

Die Partnerschaft als Gemeinschaft

Zahlreiche Autorinnen und Autoren haben bereits über die Unterschiede zwischen Mann und Frau gesprochen und philosophiert. Aus meiner Sicht gilt es, den Aspekt zu berücksichtigen, dass das Wesensgliedergefüge bei einer Frau anders ist als beim Mann. Sie verfügt über einen anderen Äther- oder Astralleib. Körperbau, Muskel- und Fettverteilung, Stoffwechsel- und hormonelle Vorgänge sowie Rhythmen und vieles mehr funktionieren bei Mann und Frau unterschiedlich, ebenso das Denken und Fühlen. Doch gibt es durchaus Überschneidungen zwischen den beiden Geschlechtern.

C. G. Jung und auch Rudolf Steiner sprechen von «anima» und «animus»: Jeder Mann trägt einen weiblichen Teil in sich, jede Frau einen männlichen. In der Tat sind wir alle ja auch ein Teil Mama und ein Teil Papa.

Achtung und Ehrfurcht als Qualitäten einer stabilen Partnerschaft

Beobachte oder befrage ich Paare, die eine gute Partnerschaft leben, so stelle ich fest, dass es ihnen gelungen ist, Achtung und eine gewisse Ehrfurcht voreinander zu bewahren. Dieser gegenseitige Respekt bildet eine Vertrauensbasis, diese kommt zum Tragen, wenn sich Konflikte anbahnen, die zu einer Eskalation führen könnten. Je mehr die Qualitäten Achtung und Ehrfurcht tragende Säulen in einer Partnerschaft sind, desto eher gelingt eine erfüllende Beziehung.

Die Familie als Gemeinschaft

Wenn ein Paar ein Kind erwartet, verändert sich sein Leben grundlegend. Aus der Gemeinschaft des Paares entsteht eine neue Gemeinschaft: die Familie. Nun gibt es zwei Gemeinschaften: die Paarbeziehung und die Familie. Beide Gemeinschaften bedürfen der Achtung und Pflege. Dies wird im Alltag rasch vergessen. Je mehr die Eltern ihre Partnerschaft als Gemeinschaft pflegen und gestalten, umso mehr kann die Familie als Gemeinschaft gelingen. Zudem sind dann die Eltern – neben ihren erzieherischen Aufgaben – ein gutes Vorbild. Systemisch gesehen hat die «Gemeinschaft Partnerschaft» vor der «Gemeinschaft Familie» Vorrang; eine verständliche Tatsache, ist doch eine Familie ohne vorangehende Partnerschaft in der Regel nicht möglich.

Lass den Schmerz sich verwandeln in Liebe.
Bert Hellinger (1925-2019)

Erhalt der Familiengemeinschaft trotz Trennung
Für die jetzige Kindergeneration ist es von Bedeutung, dass ungefähr die Hälfte der Familien auseinanderbrechen, weil sich die Eltern trennen. Dies ist in der Regel ein einschneidendes Ereignis für ein Kind. Den Schmerz, die Wut und die Trauer dieser Kinder können die Eltern verringern, indem sie die Trennungsphase gestalten.

Befragt man zehn oder zwanzig Jahre nach einer Trennung diese Menschen, zeigen sich immer wieder zwei Dinge:

- Die Auswirkung der Trennung auf die Kinder wurde meistens unterschätzt. Oft wurde sie von den Kindern als einschneidendes, traumatisierendes Ereignis wahrgenommen.
- Ein nicht unbedeutender Anteil der getrennten Paare würde im Rückblick entweder das Auseinandergehen vermeiden oder die Umsetzung noch bewusster bestmöglich gestalten.

So freiheitlich, individuell und eigenverantwortlich wir auch handeln und den Anspruch haben, in einer solch freiheitlichen Welt zu leben, so abhängig sind und bleiben wir natürlichen Gesetzmäßigkeiten gegenüber. Diese sind auch nach einer Trennung vollumfänglich gültig und heißen in einer Familie:
Der Vater ist und bleibt der Vater, die Mutter die Mutter, das erstgeborene Kind das Erstgeborene usw. Die gebildete Gemeinschaft als Familie kann durch eine Trennung der Eltern nicht aufgelöst werden. Sie verändert sich, weil der Alltag in anderer Weise organisiert und gelebt wird. Grundsätzlich jedoch bleibt sie bestehen.
Mit «eigenverantwortlich» meine ich in diesem Zusammenhang auch: Ein Partner löst in der Regel eine Partnerschaft auf, weil er keine Möglichkeit mehr sieht, dass sich die Partnerschaft zu einer guten, «lebenswerten» Gemeinschaft entwickeln kann. Oft-

mals lebt die Person dann in der Vorstellung, dass sich das Leben nach einer Trennung leichter gestalten lässt. Nicht selten geht die Aufmerksamkeit für die anderen Familienmitglieder verloren; das kann sich belastend auswirken. Denn natürlich bleibt man als Eltern gefordert, weil die Kinder unter der Trennung leiden und der Unterstützung bedürfen. Besser ist es, wenn Mutter und Vater – allenfalls mit professioneller Hilfe – den Prozess der Trennung gestalten. Wenn beide Ja zur Trennung sagen können, sind sie in einer besseren Position des Gestaltens und des Verarbeitens von Schmerz und Enttäuschung, als wenn ein Elternteil die treibende Kraft ist, der andere aber emotional nicht am selben Ort steht oder sich gar nicht trennen möchte.
Daher ist es für Eltern mit Trennungsabsicht eine wichtige Aufgabe, die Familienbande so gut es geht zu erhalten. Dies kann aus meiner Sicht gelingen, wenn man folgende Grundsätze beachtet: Aufgelöst werden kann nur die Paarbeziehung. Die Eltern bleiben die Eltern; aus familiensystemischer Sicht sollten sie beide ihre Rechte und Pflichten als Eltern vollständig behalten. Dies entspricht auch den grundlegenden Bedürfnissen der Kinder.
Ein «meisterhafter Kunstgriff» der Eltern wäre, die Trennung von der Erziehungsaufgabe vollständig loszulösen und die Gestaltung des Alltages bestmöglich und bewusst zu organisieren. Persönliches und insbesondere Schmerzvolles, das zur Trennung geführt hat, sollten die Eltern nach Möglichkeit für das Wohl der Kinder zurückstellen. Das schließt nicht aus, dass die Eltern eine neue Partnerschaft eingehen. Der Fokus auf das Wohl der Kinder sollte allerdings bei den leiblichen Eltern bleiben. Denn die Kinder haben Vater und Mutter in sich und sollten spüren, dass es zwischen den Eltern noch ein Gefühl der gegenseitigen Achtung gibt.

Leider zeigt sich im Alltag, dass Paare häufig anders vorgehen. Ihre Trennungsphase ist geprägt von einander zugefügten Verletzungen und Schuldzuweisungen. Sensible Kinder merken, wenn die Mutter sich sehr verletzt fühlt und den Vater vehement ablehnt . Sie lehnt damit auch den väterlichen Anteil im Kind ab, was Kinder spüren. Umgekehrt gilt dies genauso. Überhäuft man sich mit gegenseitigen Anschuldigungen, kann keine friedliche Lösung gefunden werden. Auch gelingt so die Trennung, also das Voneinander-Lassen, nicht, denn durch die oben beschriebene Verhaltensweise schaffen die Eltern eine Täter-Opfer-Dynamik und ketten sich dadurch aneinander, obwohl sie eigentlich frei sein wollen. Allzu oft laden die Kinder in dieser Situation Schuld unbewusst auf sich, um ihre Eltern zu entlasten, zu denen sie eine tiefe Loyalität und Liebe (Bindung) empfinden.

Wenn mich Eltern in einer Trennungssituation um Mithilfe bitten, so ist es erforderlich, dass Vater und Mutter einwilligen, sich mit mir an einen Tisch zu setzen. Gemeinsam kann man dann über die bestmöglichen Lösungen für sie und für die Kinder beraten. Gelingt dieser entscheidende Schritt, findet sich in den meisten Fällen ein begehbarer Weg für alle.

Eine neue Kulturepoche löst das Zeitalter der Polaritäten ab – das Wassermann-Zeitalter

In unserer «bewusstseinsreichen» Zeit heute, die einerseits durch den Drang nach Individualismus, Freiheit und Selbstverwirklichung geprägt ist, zeigt sich andererseits eine immer stärkere Vereinsamung des Einzelnen. Zudem leben wir in einer Epoche, in der ein Zeitalter zu Ende geht und ein neues beginnt. Das Fische-Zeitalter war das Zeitalter der Polaritäten – Gut und Böse, Lüge und Wahrheit, Liebe und Hass usw., – die Epoche der unterschiedlichen Weltreligionen, der Sympathie und Antipathie, des Egoismus und des Materialismus. Dieses Zeitalter geht zu Ende. Es macht einer Kulturepoche Platz, die den Materialismus als existenzielle Größe überwindet und die Polaritäten ausgleichen soll – das Wassermann-Zeitalter. Dieser Schritt ins Neue wurde durch die Ereignisse rund um die Corona-Pandemie enorm beschleunigt.

Das Zeitalter wird bestimmt als ein Zeitraum, der durch den Durchzug des Frühlingspunktes durch das entsprechende Sternbild definiert wird: bisher das Sternbild der Fische und jetzt das des Wassermannes. In der Astronomie sind Frühlings- und Herbstpunkt bekannte Begriffe. Das Charakteristische des entsprechenden Zeitalters ist an das Charakteristische des Sternbildes angelehnt. Heute können wir erleben, dass zwischen Egoismus und Selbstlosigkeit ein Gleichgewicht entstehen kann und sich auch die Wahrnehmungsfähigkeit sowie die Kommunikationsformen der Menschen verändern. Das Wassermann-Zeitalter kann die Entwicklung der Menschen insofern unterstützen, als erstarrte Strukturen aufgelöst werden können und einer geistigen Freiheit sowie schöpferischen und innovativen Impulsen Platz machen. Gleichzeitig haben wir heute ein starkes Bedürfnis, uns selbst durchzusetzen und daher auch die Möglichkeit, Entwicklung zu verhindern bzw. zu blockieren. In unserem Alltag erleben wir, dass in vielen gesellschaftlichen Bereichen dringend eine grundlegende Strukturänderung angesagt wäre – wie beispielsweise beim Klima- und Naturschutz, in der Tierhaltung, beim Schulwesen, im Gesundheitswesen, beim Bankenwesen.
Wie soll Demokratie morgen gelebt werden? Wenn wir die jüngsten Entwicklungen in Europa betrachten, merken wir, dass der bisher selbstverständliche Demokratiebegriff nicht mehr gültig zu sein scheint oder in Frage gestellt wird.

Die Hippie-Bewegung und die terroristischen Bestrebungen der RAF in Europa, v. a. in Deutschland, in den 1960er- und 1970er-Jahren des letzten Jahrhunderts drehten sich in ihrem Ursprung um diese Themen. Im Musical «Hair» mit seinem Song «Aquarius» klingen diese Fragestellungen zur Entwicklung des Wassermann-Zeitalters bereits an.

Die ausgeprägte Präsenz der Medien heute birgt in sich die Gefahr, dass sich ein inhaltlicher Austausch zwischen Menschen etabliert, der den Namen «Kommunikation» – also Mitteilung bzw. Austausch von Ideen, Phantasien, Stimmungen – nicht mehr verdient. Grundlegende Elemente menschlichen Zusammenseins wie das Gespräch können verrohen oder gar verloren gehen. Insbesondere in Gemeinschaften mit Kindern tragen wir Erwachsenen die Verantwortung als Vorbilder. Es geht darum, dieses Kulturgut der aktiven Gemeinschaftsgestaltung auch im verbalen Umgang miteinander fruchtbar und menschengemäß zu erhalten und zu pflegen.

Die «neuen Kinder» – auch «Sucherseelen» genannt, eine neue Generation von Kindern mit feiner Wahrnehmung

Wir erleben heute, dass immer mehr Kinder eine feinere Wahrnehmung mitbringen und die Welt offenbar mit anderen Augen sehen, als wir es gewohnt sind. Sehr treffend werden diese Kinder auch als «Sucherseelen» bezeichnet. Solche Kinder sind oft hypersensibel, haben eine sehr gute Intuition für Stimmungen sowie ein gutes Selbstwertgefühl. Oftmals haben sie es schwer, sich anzupassen, können auch rebellisch oder aggressiv sein.
Diese neue Kindergeneration wird seit den 1980er-Jahren beschrieben. Sie stellt uns vor enorme Herausforderungen, weil diese Kinder teilweise nicht mehr in unsere gesellschaftlichen Normen passen. Hier sind Fachleute aufgerufen, zu unterscheiden, wo solche Kinder eine besondere Form der Begleitung brauchen oder ob sie für einen bestimmten Bereich eine gezielte Hilfe benötigen, weil sie dort eine therapiebedürftige Abweichung aufweisen. Diese Entwicklung impliziert darüber hinaus grundsätzliche Gedanken, wie die Schule zukünftig strukturiert sein sollte. Das 2023 erschienene Buch «Lernwelten – das Leben bildet» versucht, hier neue Wege zu gehen.

Die Schule von morgen benötigt ein neues Fundament: Die Basis sollte das Verständnis für die Entwicklung der heutigen Kinder auf körperlich-seelisch-geistiger Ebene widerspiegeln. Dazu gehört, dass die intellektuelle Förderung eine beinahe untergeordnete Rolle spielen sollte. Im Vordergrund stehen die emotionale und soziale Entwicklung der Schülerinnen und Schüler, die sich durch Kunst, Theater, Bewegung und Musik sowie gesunder, altersentsprechender Alltagsrhythmen inklusive physiologischer Pausen etablieren kann. Nur so können wir adäquat unsere Kinder auf die Welt von morgen vorbereiten, so dass sie in der Lage sind, die Herausforderungen und die Anforderungen, die auf die Gesellschaft zukommen, mutig und schöpferisch zu meistern.

Dabei habe ich den Eindruck, dass die neuen Kinder genau die Voraussetzungen mitbringen, die sie für eine zeitgemäße Entwicklung unter dem Aspekt des Wassermann-Zeitalters benötigen. Es ist für viele Kinder fatal und wäre daher für die gesamte Gesellschaft fahrlässig, diese Kinder mit Ritalin zu «versorgen», damit sie in der jetzigen Schulstruktur «tragbar» werden. Es ist zweifelsohne besser, hinzulauschen, was sie uns sagen möchten. Nicht die Kinder sollten sich der Schulstruktur anpassen; die Schulstruktur sollte sich in ihrer Entwicklung an den Entwicklungstatsachen der heutigen Kinder orientieren.

Ritalin ist ein berühmt gewordenes Medikament, das oftmals bei solchen Kindern eingesetzt wird. Die eigentliche Indikation besteht bei schweren Formen von ADHS (Aufmerksamkeitsdefizit-Hyperaktivitätsstörung); Ritalin ist ein Betäubungsmittel. Aus meiner Sicht sollte kein Mensch über einen längeren Zeitraum ein Betäubungsmittel einnehmen, wenn dies nicht unbedingt erforderlich ist. Und erst recht sollte kein Kind ein Betäubungsmittel einnehmen müssen, nur damit es ins heutige Schulsystem passt und für die Lehrperson tragbar wird.

Die Gemeinschaft als Kulturtat meistern

Ob als Partnerschaft, in der Familie, in der Schule oder in einem beruflichen Zusammenhang – eine Gemeinschaft zu bilden, zu pflegen und zu erhalten, ist eine beachtenswerte Leistung aller Beteiligten. Denn gelernt haben wir das nicht.

Unsere Eltern und Großeltern können uns in diesem Punkt kein Vorbild sein, weil zu ihrer Zeit Gemeinschaften anders gelebt

wurden, als es heute erforderlich ist. Zudem gestalten wir unser Dasein am Scheidepunkt zwischen «alter» und «neuer» Kulturepoche. Dies bringt immense Veränderungen mit sich, was sich in vielen Lebensbereichen auswirken wird – vor allem in der Frage, wie uns in Zukunft das soziale Miteinander und die Bildung von Gemeinschaften gelingen werden.
Wenn wir Qualitäten wie Achtung und Ehrfurcht im Alltag leben können, wenn wir neugierig auf das blicken, was durch die neue Kulturepoche an uns herangetragen wird, wie z.B. die «neuen Kinder» und die Aspekte der Neugestaltung sozialer Beziehungen, und wenn wir diese Veränderungen in unser Leben integrieren können, dann werden wir die Herausforderung «Gemeinschaft als Kulturtat» meistern.

Angst liegt nie in den Dingen selbst, sondern darin, wie man sie betrachtet.
Anthony de Mello (1931-1987)

Angst als archaische Kraft: Wie gehen wir mit ihr um in beunruhigenden Zeiten?

Angst ist eine archaische Kraft, die unser Leben begleitet. Sie gehört zu uns wie Liebe, Freude, Begeisterung, Mut, Enttäuschung, Frust, Aggression, Wut. Angst lässt uns aufhorchen, macht uns wach, versetzt uns in Anspannung. Angst kann uns auf Gefahren aufmerksam machen und uns schützen. Angst ist dann wie ein Leibwächter, der uns begleitet.
Unser Körper geht in Alarmbereitschaft: Herzschlag und Atmung beschleunigen sich, wir schwitzen, die Körpertemperatur verändert sich, uns schnürt es die Kehle zu, uns verdirbt es den Appetit, uns kann schwindelig werden, wir können in die Hosen machen, eventuell entwickeln wir Schmerzen, unsere Gedanken und Gefühle kreisen um das Angstthema. Jedoch gibt es in uns eine Kraft, die es vermag, diesem Angstanfall oder gar Panikattacke Einhalt zu gebieten.

Angst als Krankheit – das macht uns unfrei!

Angst kann eine solche gigantische Kraft entwickeln, dass sie unser Verhalten, unsere Gedanken und Gefühle, ja unser Sein steuert. Dann sind wir unserer Angst schutzlos ausgeliefert, ohne dass wir etwas dagegen ausrichten können. Hat sie ein solches Ausmaß erreicht, ist sie eine Krankheit. Dann macht sie uns unfrei. Dann sollten wir alles daransetzen, dass wir wieder freie Menschen werden. Meist ist eine therapeutische Begleitung notwendig. Zudem hilft es oft, wenn ich als Betroffener unter systemischen Gesichtspunkten versuche, herauszufinden, warum die Angst eine solche immense Wirkung und Bedeutung in meinem Leben hat. Wer hat noch eine solche Angststörung in der Familie? Gibt es eventuell Gründe, die eine solche Angst notwendig machen oder die sie begründen? Haben Familienangehörige Kriegserfahrungen gemacht? Auch wenn diese ein bis zwei oder drei Generationen zurückliegen, können sie einen Einfluss auf uns selbst haben.

Wie kann ich mit Angst umgehen lernen?

Wir sollten versuchen, uns nicht gegen die Angst zu stellen! Hören wir ihr zu. Nehmen wir sie ernst und nehmen wir sie an. Was will sie uns sagen? Man sollte mit der Angst in einen inneren Dialog treten und herausfinden, was man braucht, wie wir uns schützen können und was uns Sicherheit bringt.

Dann ist es hilfreich, über Angst zu sprechen, sich mit Freunden oder der Familie auszutauschen. Gerade jetzt, wo es in Europa wieder Krieg gibt, leiden viele Menschen unter Angstzuständen. Da ist es besonders wichtig, mit anderen im Austausch zu sein, Kräfte wie Zuversicht, Optimismus, inneren Frieden und innere Zentriertheit zu entwickeln und diese anderen Kräfte in den Fokus zu stellen. Auch hilft der Austausch mit anderen: zusammen etwas unternehmen, singen, spielen, Musik machen, Sport treiben.

Wir sind körperliche-seelische-geistige Wesen

Um eine innere Balance zu finden, ist es wichtig der drei Ebenen – Körper, Seele, Geist – als gleichwertiger Teile meiner selbst gewahr zu werden.

Immer wenn wir angespannt sind, sollten wir versuchen, uns wieder zu zentrieren, unsere innere Balance wieder zu erreichen. Der Autor Karl Grunick nennt das «Körperintelligenz». Wir können versuchen, wieder unseren Grundtonus einzunehmen. Das ist der «Wohlfühltonus», den ich in der Regel beim Meditieren habe. Wenn ich Angst fühle oder wütend bin, ist mein Tonus erhöht

(körperliche Ebene). Dann sollte ich innerlich das Ereignis, das mir Angst macht, ganz annehmen und aufmerksam beobachten, was es mit mir macht (seelische Ebene). Als Drittes versuche ich, nicht zu bewerten (geistige Ebene). Wenn ich alle drei Ebenen gleichzeitig und gleichwertig lebe und erfahre, wird es mir gelingen, ganz bei mir und zentriert zu sein. Dann werde ich mich von äußeren Ereignissen nicht mehr so irritieren lassen wie bisher.
Das ist natürlich sehr schwierig, wenn es zum Beispiel um die Angst im Zusammenhang mit dem Ukraine-Krieg geht. Selbstverständlich ist jede kriegerische Auseinandersetzung abzulehnen und die Aggressoren sind zu stoppen. Für mein Wohlbefinden ist es aber wichtig, wenn ich die Realität im Moment so hinnehme, wie sie ist. Denn nur wenn ich ganz bei mir bin, bin ich (am besten) handlungsfähig.

Im konkreten Fall des Ukraine-Krieges kann ich überlegen, was in meiner Möglichkeit steht, jetzt zu tun: mich an Sammelaktionen beteiligen (Geld, Medikamente, Kleidung, Spielzeug etc.), Gesprächsrunden organisieren, Artikel zum Thema veröffentlichen, mit Freunden und Bekannten sprechen, eventuell eine ehrenamtliche Tätigkeit anbieten usw.

Medien und Angst – wollen wir uns steuern lassen?

Medien sind leider oft sensationslüstern. Es gibt ausgezeichnete Journalisten und Journalistinnen, die sich um eine realistische Stellungnahme sehr bemühen und dabei keine Anstrengung scheuen. Jedoch trifft auch oftmals das Gegenteil zu: Dies konnte man zum Beispiel in der Berichterstattung über die Corona-Pandemie in der Tagespresse feststellen, wenn man die medial verbreiteten Informationen mit denen des BAG (Bundesamt für Gesundheit Schweiz) verglich.

Je mehr Spannung, je mehr Drama, desto besser verkaufen sich die Medienprodukte. Manchen Medienhäusern sind die hohe Einnahmen wichtiger als seriöse hilfreiche Berichterstattung! Je mehr Angst in Umlauf gebracht werden kann, umso besser sind die Menschen zu steuern. Wir werden aber nur Opfer der Medien, wenn wir dies zulassen! Wir können den Konsum von Medien so dosieren, dass es uns damit gutgeht.

Was tut mir gut am Medienkonsum?

Tut es mir gut, fünfmal am Tag die Nachrichten zu schauen – oder sollte ich mich höchstens einmal am Tag ohne Bilder informieren? Gewisse Spielregeln sind sicher sinnvoll – zum Beispiel vor dem Schlafengehen keine Nachrichten zu schauen. Wir können uns auch aussuchen, welche Medien wir konsumieren und welche wir meiden. Für mich persönlich ist es spannend, Medienberichte aus unterschiedlichen Ländern zu vergleichen. So lernt man verschiedene Blickwinkel kennen.

Während der Corona-Pandemie habe ich meinen Patientinnen und Patienten abgeraten, sich zu diesem Thema über die Tagespresse zu informieren, sondern ich empfahl ihnen, lediglich einmal pro Woche die Infoseite des BAG als Informationsquelle zu nutzen. Es ist sehr wichtig, dass wir den Umgang mit Medien aktiv gestalten, weil dies nicht nur eine Auswirkung auf uns, sondern auch auf das holographische Feld hat. Ich nenne das «Seelenhygiene».

Die Bedeutung der Gesellschaft und des holographischen Feldes – welche Kraft, Macht und Verantwortung des Einzelnen

Wir lassen uns von Glaubenssätzen steuern, auch die Gesellschaft lässt sich von den geltenden Anschauungen, von der öffentlichen Meinung lenken. Gedanken und Gefühle, die zum großen Teil von unseren Glaubenssätzen, unseren Sichtweisen gespeist werden, füttern das Energiefeld – das holographische Feld, in dem wir uns alle bewegen.

Es ist ein signifikanter Unterschied, ob es Millionen Menschen gibt, die nun angsterfüllt und in einer gewissen Starre auf die Ereignisse des Krieges schauen oder ob – wie beschrieben – ein großer Anteil dieser Menschen sich bewusst zentriert und eine innere Balance, einen inneren Frieden lebt. Sind wir uns dessen bewusst, dass wir auf dieser Ebene eine große Kraft, eine große Macht entfalten können, aber uns auch eine große Verantwortung auferlegt ist. Daher ist es wichtig, dass wir in unserem Umfeld im Austausch und Dialog sind, dass wir es sind, die das holographische Feld und somit die Energie, die uns alle umgibt, gestalten. So bestimmen wir mit, welchen Einfluss die Medien auf unser Verhalten haben!

Auch der stärkste Mann schaut einmal unters Bett.
Erich Kästner (1899-1974)

Die Angst in der Entwicklung des Kindes

Jedes Kind lernt früher oder später Angst als grundlegendes Gefühl kennen. Alle Erwachsenen, die Kinder betreuen, sollten jede Angst der Kinder ernst nehmen – auch wenn das Kind Angst vor einem bösen Tier oder Monster unter dem Bett hat.

Denn für das Kind ist die Angst, die es gerade erlebt, real. Gehen Sie daher nicht gegen die Angst vor, bagatellisieren Sie sie schon gar nicht. Lassen Sie sich im Gespräch mit dem Kind beispielsweise das böse Tier genau beschreiben: Welche Farbe hat es? Wie schaut es dich an? Ist es groß oder klein, dick oder dünn? Wollen wir dem Tier einen Namen geben? Oder was könnte das Tier brauchen, wie können wir dem Tier helfen?

So lernt das Kind, die Angst nicht abzuwehren sondern mit ihr in Kontakt zu treten; es kann versuchen, die Angst zu verstehen und Bilder entstehen zu lassen (zum Beispiel über die Beschreibung des Tieres). Je nach Alter des Kindes können Sie als Eltern ihm erzählen, wie Sie selbst mit Angst umgehen (Vorbild), was Sie dabei fühlen und denken.

Bei kleineren Kindern unter neun Jahren ist es wichtig, sie nicht intellektuell, sondern ihrem Alter gemäß in Bildern anzusprechen – und zwar so, dass es keinen Schuldigen oder Unschuldigen gibt, sondern so, wie es ist. Auch ein fünfjähriges Kind nimmt die Veränderungen der Welt genau wahr. Lesen Sie gemeinsam Märchen wie «Hänsel und Gretel» oder schauen Sie in das Buch «Heilende Märchen» von Angeline Bauer. Diese Märchen haben nicht nur für Kinder, sondern auch für Jugendliche und Erwachsene eine positive Wirkung.

Jegliche Angst rührt daher, dass wir etwas lieben.
Thomas von Aquin (1225-1274)

Gemeinsam einen Bewusstseinswandel und die Entwicklung der Menschheit gestalten

Alles, was (uns) geschieht, trägt eine Botschaft in sich.
Ich denke, die Botschaften der Pandemie, des Kriegsgeschehens können wir nicht in drei Sätzen kurz zusammenfassen; aber wir können versuchen, die Gesten dieser Ereignisse zu erspüren, ohne uns in der endlosen Diskussionen zu verlieren, ob etwa Masken in der Pandemie eine sinnvolle Maßnahme waren. Wenn wir dauernd einzelne Massnahmen beurteilen, werden wir blind für die eigentliche Geste der Ereignisse, wir erkennen nicht, was dieses Geschehen für die Menschheit bedeutet: wichtige Prüfungen in ihrer Entwicklung stehen an.

Wir können uns fragen: Müssen die Menschen Konflikte immer wieder nach altem Muster lösen und in den Krieg ziehen, wie es seit Jahrtausenden geschieht? Gab es jemals in der Geschichte ein Beispiel, wie durch diese Art der Konfliktlösung nachhaltige Ergebnisse geschaffen wurden, die das Wohl aller im Bewusstsein hatten und berücksichtigten?

Wir leben seit Beginn der Corona-Ära in einer sehr schwierigen, aber zugleich auch in einer überaus interessanten Zeitepoche. Wir alle sind aufgerufen, andere Wege der Konfliktlösung zu suchen, Polaritäten zu überwinden und uns bewusst zu werden, dass diese neuen Wege bei jedem Einzelnen von uns beginnen – und zwar in der Gestaltung der Beziehung zwischen Ich und Du. Letztendlich wird Gemeinschaftsbildung – ob in Partnerschaft, Familie oder auch einer Schule – ganz neu gegriffen und gestaltet werden müssen. So können wir alle gemeinsam etwas zur Entwicklung der Menschheit beitragen und den Weg zu einer Transformation unseres Bewusstseins mitgestalten.

Der Mensch, der nicht geachtet wird, bringt um.
Antoine de Saint-Exupéry (1900-1944)

Gewalt – eine machtvolle Kraft in uns

Ein paar Gedanken zur Einstimmung auf das Thema: Solange es Menschen gibt, gibt es Gewalt. Und es gab schon immer Menschen, die Gewalt befürworteten, und solche, die sie ablehnten.

In den letzten zehn Jahren beispielsweise ist das Ausmaß von Gewalt in der Schweiz und in Deutschland gesamthaft gesunken, die Gewalt durch Jugendliche jedoch drastisch gestiegen – teilweise gab es eine Zunahme um bis zu 300 Prozent! In Deutschland hat jede(r) fünfte 15-Jährige mindestens einmal eine Person krankenhausreif geschlagen. Und dies trotz intensiver «Anti-Gewalt-Programme».

Gewalt ist eine archaische Kraft, die in jedem Menschen schlummert. Immer mehr Menschen in den Industrienationen neigen dazu, Gewalt abzulehnen; doch lässt sich das so einfach umsetzen?

Ich bin mit vier älteren Brüdern aufgewachsen, und wir haben uns über mehrere Jahre regelmäßig sehr heftig geprügelt – so heftig, dass oft Blut geflossen ist; manchmal ging ein Knochen kaputt und nicht selten auch einmal eine Scheibe oder eine Tür. Meine Eltern haben uns das nicht verboten, dafür bin ich ihnen heute sehr dankbar. Wie von Zauberhand war diese Phase nach ein paar Jahren verschwunden. Waren wir gewalttätig? Hätte man uns gefragt, wir hätten das weit von uns gewiesen.
Interessant ist, dass wir fünf Jungs in unserem Umfeld Konflikte nicht durch Prügeleien «regelten» wie zu Hause. Mein ältester

Bruder und ich waren im Jugendalter in der Schule bekannt für unsere guten vermittelnden Qualitäten.
Die Prügelei in meiner Kindheit hat mich den Umgang mit meinen Aggressionen und meiner Wut erfahren lassen und mich gelehrt, Grenzen zu erkennen und zu respektieren. Daher bin ich für diese Erfahrungen äußerst dankbar.

Jeder war mal Täter und mal Opfer

Wenn wir davon ausgehen, dass es wiederholte Erdenleben gibt, wird uns rasch klar, dass wir sowohl Täter- als auch Opferleben durchlebt haben. Durch Rückführungen lässt sich das aufzeigen, wie ich im entsprechenden Kapitel in diesem Buch ausführe. Es ist sehr hilf- und lehrreich, wenn jeder einmal auf diese Weise ein Täterleben und auch ein Opferleben am eigenen Körper spürt: Wie fühlt es sich an, Täter oder Opfer zu sein?
Wenn mir das soziale Miteinander mit einem Menschen besonders schwerfällt, kann ich davon ausgehen, dass ich mit diesem Menschen in einem vergangenen Leben bereits zu tun hatte.

Der Ursprung des Wortes «Gewalt»

Das Wort «Gewalt» kommt aus dem Althochdeutschen: «waltan» bedeutet «stark sein», «beherrschen». Bei Gewalt geht es offenbar darum, klarzumachen, wer die stärkere Person ist, und meist etwas zu verteidigen: ein Territorium, einen anderen Menschen, das Recht auf etwas etc.
Angst und Aggression sind Gefühle, die oft mitschwingen, Wut nicht immer.

Wo und wie zeigt sich Gewalt?

Wir sprechen bisher von körperlicher Gewalt; jedoch gibt es auch seelische oder psychische Gewalt. Diese kann viel subtiler sein, also in ihrer Wirkung auch dramatischere Folgen haben.
Die häusliche Gewalt ist hierzulande wie in allen Ländern ein großes Thema, Tendenz steigend. In Deutschland hat jede 3. Frau wenigstens einmal in ihrem Leben Erfahrungen mit physischer

und bzw. oder sexueller Gewalt gemacht, jede 4. Frau durch ihren früheren oder aktuellen Partner; in der Schweiz sind diese Beobachtungen ähnlich. Es wird vermutet, dass die Dunkelziffer in allen Ländern mehr als das Doppelte beträgt.

Gewalt beginnt dann, wenn ich mein Gegenüber mit Absicht körperlich und / oder verbal zwinge zu einer Handlung, die mein Gegenüber nicht will. Oft wiederholen sich solche Szenen in einem Haushalt. Eine einmalige Gewalteskalation ist eher selten. Nicht jede Gewaltäußerung muss traumatisierend wirken, das ist individuell unterschiedlich und ist auch von der Schwere der Gewalteinwirkung abhängig.
Auch ist es möglich, dass eine Tat, die von außen betrachtet nicht als schlimm eingestuft wird, bei der betroffenen Person aber ein starkes Gewalterlebnis auslöst.
Oft finden wir bei Menschen, die gewaltbereit sind oder Gewalt anwenden, in ihrer Vergangenheit entsprechende Erfahrungen.

Wie können Gewalt und Gewalttendenzen überwunden werden?
Selbstverständlich sollten wir alle eine gewaltfreie Haltung einnehmen und uns vornehmen, ohne Anwendung von Gewalt durchs Leben zu gehen. Jeder Konflikt, der nicht in einer kultivierten Weise gelöst wird, hat die Ladung, in Gewalt zu eskalieren. Damit meine ich, dass die Gesprächspartner eine respektvolle Bereitschaft zum Dialog haben und eine gemeinsame Lösung anstreben sollten.

Allerdings sind wir dazu nur imstande, wenn wir gelernt haben, mit Gefühlen der Wut, der Aggression und des Hasses umzugehen. Sie abzulehnen und zu verdrängen, kann das Gegenteil bewirken und zu einem Gewaltausbruch führen.
Daher ist es wichtig, dass schon Kinder lernen, mit diesen aggressiven Gefühlen umzugehen, und verstehen, dass sie immer Teil ihres Lebens sein werden. Dazu gehört, sich richtig raufen zu dürfen; insbesondere die Jungs scheinen dies eher zu brauchen

als die Mädchen. Im Ansatz von Karl Grunick («Entdecke deine Körperintelligenz») oder auch in Selbstverteidigungskursen wie z.B. Yoga oder Aikido können Kinder lernen, mit diesen Gefühlen umzugehen und ihren Körper besser wahrzunehmen.

Selbstverteidigungskurse in der Unterstufe zur Optimierung der eigenen Körperwahrnehmung

Ab der 1. Klasse könnten Kurse wie die von Karl Grunick oder Selbstverteidigungskurse den Schulalltag begleiten; dies unterstützt die eigene Körperwahrnehmung, das Gleichgewichtsempfinden und die Orientierung im Raum.

Jeder Mensch ein potenzieller Mörder?

Jeder von uns kann zum Mörder werden. Diese Erkenntnis sollte jeder Mensch realisieren!

In uns allen – je nach Temperament und Charakter stärker oder schwächer ausgeprägt – schlummert diese geballte archaische Kraft, die hoffentlich nie zur Anwendung kommen muss. Sie existiert immer, sie schlummert vor sich hin. Und solange das Leben einigermaßen in geordneten Bahnen läuft, besteht auch kein Bedarf, diese schlummernde Kraft zu wecken.

Solange es Menschen auf der Welt gibt, deren Lebensalltag überwiegend menschenunwürdig ist, wird Gewalt präsent sein. Solange das soziale Miteinander auch bei uns in den Industrienationen Macht- und Egoismus-Bestrebungen aufweist, besteht die Gefahr einer Eskalation von Gewalt, wie wir täglich feststellen müssen.

Kultivieren wir unsere archaische Kraft Gewalt!

Wir können Gewalttendenzen mindern, in dem wir das soziale Miteinander, die Beziehung zwischen Ich und Du kultivieren und üben.

Allerdings dürfen wir «gewaltfrei» nicht mit dem Attribut «antiautoritär» in der Kindererziehung verwechseln. Die antiautoritäre Erziehung der 1960er- und 1970er-Jahre (oder besser: der Versuch einer antiautoritären Erziehung) hatte dramatische gegen-

teilige Effekte . Kinder- und Jugendpsychiater haben noch nie so viele traumatisierte oder verstörte Kinder gesehen wie zu jener Zeit. Warum? Weil durch diese theoretisch erdachte Erziehungsmaßnahme, die ja letztendlich ein Schrei nach Befreiung von der bis dato autoritären Erziehung war, die Kinder völlig orientierungs- und haltlos wurden. Sie hatten nichts mehr, an dem sie sich orientieren konnten.
Zur Erinnerung: Als ich die Grundschule besuchte, waren Ohrfeigen seitens der Lehrer noch ein legitimes Erziehungsmittel. Heute kennen wir andere Wege, um den Kindern Grenzen aufzuzeigen.

Wie können wir die soziale Beziehung üben?

Am besten im Alltag und als erstes mit Mitmenschen, die uns emotional nicht so nah sind: beim Einkaufen, im ÖV etc. Allerdings sind unsere Kinder oder PartnerInnen unsere besten «Lehrmeister»! Was eine soziale Beziehung misslingen lässt, ist, dass ich mich von den aufkeimenden Gefühlen überrumpeln lasse und mein Verhalten sich mehr oder weniger ungefiltert danach ausrichtet.

Wenn es mir gelingt, mehr bei mir zu sein, leiten nicht die Gefühle mein Verhalten, sondern ich bleibe «Chef» meiner Gefühle und mir gelingt es, den Raum zwischen einem Reiz und einer Reaktion zu gestalten. Je mehr mich der Reiz emotional aufwühlt, desto grösser ist die Herausforderung, diesen Raum zu gestalten.

Gestaltungsraum, Präsenz, Klarheit, D-F-H

Reiz ⟷ **Reaktion**

Ohne Bewertung bei mir bleiben

Die Abkürzung «D-F-H» bedeutet Denken-Fühlen-Handeln, wobei besonders das Fühlen beachtet werden sollte.

Eine soziale Beziehung wird mir schließlich dann am besten gelingen, wenn ich eine solche Beziehung zu mir selbst entwickeln konnte. So kann es mir am ehesten gelingen, Herr meiner Gefühle zu bleiben, in mir (weiter) zu ruhen, auch wenn ein schlimmes Ereignis auf mich einstürzt.
Ich werde im Alltag spüren, wo es mir gut gelingt, wo weniger und wo vielleicht schlecht. Und ich kann erkennen lernen, was mir guttut auf diesem Weg. Den einen hilft Sport, Meditieren, regelmäßige Bewegung in der Natur, Yoga, Tai-Chi oder anderes, anderen vielleicht «einfach nur zu sein». Eine gute Hilfe, die ich so kennengelernt habe, ist die Beachtung der Körperintelligenz.
Mit dem Wahrnehmen meiner Körperintelligenz lerne ich, den Botschaften meines Körpers zu lauschen und sie richtig zu verstehen.
Diese Überlegungen können ein erster Schritt im sinnvollen Umgang mit Gewalt sein: beginnend bei mir selbst und dann auf der kleinsten möglichen sozialen Ebene, zwischen einem Ich und einem Du. So möchte ich mich Petra Kellys (1947-1992) Worten anschließen: «Gewalt hört da auf, wo Liebe beginnt.»

Die stärkste zwischenmenschliche Kraft, ist die Liebe: Die Liebe zu mir selbst und zu meinen Mitmenschen, mit denen ich übe, den Raum zwischen Ich und Du zu gestalten, so dass ich die Gewalt als archaische Kraft in meinem Alltag nicht mehr benötige.
Dies kann in jeder, auch in der aussichtslosesten Lebenssituation gelingen, wie uns beispielsweise die Lebensläufe von Viktor Frankl, Mahatma Gandhi und Nelson Mandela zeigen.

Macht macht Sinn? Oder sollte Machtausübung nicht zum Lebensalltag gehören?

Ist Macht oder neutrales ausgedrückt Durchsetzungsfähigkeit etwas Negatives? Ist Familienleben oder Schulleben ohne Macht möglich? Wo Menschen leben, vollzieht sich Gemeinschaftsbildung – wie in einer Familie oder in einer Klassengemeinschaft.
Es ist interessant, dass viele von uns zuerst eine negative Vorstellung haben, wenn sie über Entscheidungsmacht nachdenken. Das bedeutet, dass sie zuerst Verbindungen zu negativen Ereignissen im Zusammenhang mit Macht im Kopf haben: wie zum Beispiel Vorschriften machen, bevormundet oder kontrolliert werden oder gar Freiheitsberaubung. Vielleicht erinnert das an unsere archaische Vergangenheit?

Was ist Macht?

Wenn man in gängigen Werken nachschlägt, findet man folgende Definition: «Macht bezeichnet die Fähigkeit einer Person oder Gruppe, auf das Denken und Verhalten einzelner Personen, sozialer Gruppen oder Bevölkerungsteile so einzuwirken, dass diese sich ihren Ansichten oder Wünschen unterordnen und entsprechend verhalten. Macht ist mehr oder weniger in allen Formen des menschlichen Zusammenlebens beteiligt und bedingt auf unterschiedliche Weise das Entstehen von Sozialstrukturen mit ausdifferenzierten, sozialen und strukturellen Einflusspotenzialen und gesellschaftlich zugeschriebenen Positionen.» (Wikipedia unter „Macht“ 4.2.2023)

Das ist doch interessant! Die Definition als solche beinhaltet an sich nichts Negatives. Im Gegenteil: Es wird hier beschrieben, dass zum Aufbau von Sozialstrukturen Ausübung von Macht erforderlich ist. Stellt sich also die Frage, wie Macht vielfach gelebt und erlebt wurde und wie Macht zukünftig als wertvolles Instrument einer Gemeinschaftsbildung gelebt werden sollte.

Macht als Instrument von Gemeinschaftsbildung
Ich bin der Meinung, dass wir ohne Machtausübung nicht auskommen, wollen wir eine fruchtbare, zukunftsweisende Gemeinschaftsbildung gestalten. Macht ist neutral wie Geld auch, und es kommt ganz auf uns Menschen an, wie wir sie gestalten.

Familie und Erziehung: Familienleben kann nur gelingen, wenn Spielregeln eingehalten werden und es eine gewisse Ordnung und Struktur gibt. Der Vater ist der Vater, die Mutter die Mutter, das erstgeborene Kind das erstgeborene Kind usw. Es ist sehr wesentlich, dies einzuhalten, auch wenn sich einmal die gelebte Familienstruktur völlig verändern sollte.
Hinzu kommen notwendige Vereinbarungen untereinander: Wie werden wesentliche Aspekte des Familienalltages aufgeteilt, wie das notwendige Geld verdient, wie der Haushalt organisiert, die Betreuung der Kinder geregelt, wie die Erziehung zwischen den Eltern geteilt etc.?

Eltern üben über ihre Kinder Macht aus. Ich würde sagen, das ist ein Naturgesetz. Das heißt: Wenn es die Situation erfordert, müssen sich Vater oder Mutter eindeutig positionieren, wer nun das Sagen hat. Wenn Erwachsene da nicht liebevoll und klar sind, wird es zu großen Schwierigkeiten kommen, weil die Kinder oder Jugendlichen dann orientierungslos werden. Dann verschiebt sich die Verhältnismäßigkeit: Die Kinder wollen sich nichts mehr «bieten» lassen, wollen oftmals gegen den Willen der Eltern ihr eigenes «Ding machen» – es entsteht ein Machtspiel zwischen Eltern und ihren Kindern.
Schule: In der Schule haben wir eine ähnliche Situation wie in der Familie oder bei der Erziehung. Klassenlehrerinnen und Klassenlehrer an Steinerschulen spielen da im Vergleich zu öffentlichen **Schulen** eine besondere Rolle, weil sie in der Regel sechs Jah-

re eine Klasse führen. Das bedeutet, dass die soziale Beziehung zwischen Schülern und Lehrpersonen tiefer und vertrauensvoller sich entwickeln kann. Wenn allerdings zwischen Kind und Lehrperson wenig gegenseitige Sympathie mitschwingt, ist es herausfordernd, eine ausgeglichene Machtkonstellation zu halten.

Stellt sich die Frage: **Was braucht der Mensch im Umgang mit Macht?** Wir wissen es, und auch unser ältester Sinn, der Tastsinn, zeigt uns, dass wir Grenzen brauchen und dass diese Grenzen uns helfen, eine Orientierung im Leben zu bekommen. Grenzen müssen wir selbst schaffen durch Verabredungen, die auch beinhalten sollten, wer das Einhalten dieser Grenzen einfordert. In diesem Rahmen dient die Machtausübung dem Wohle aller und ist nicht willkürlich. Das ist Macht!

In der Erziehung gibt es neben dem Ausüben von Macht eine wichtige weitere Qualität: die Vorbildfunktion. Je authentischer und klarer ich bin, desto weniger muss ich im eigentlichen Sinn Macht ausüben. Es ergibt sich wie von selbst. Oftmals wollen Eltern mit ihren Kindern bestimmte Dinge diskutieren, sie also intellektuell ansprechen. Das kann ich mit Jugendlichen tun, nicht aber mit Drei-, Vier- oder Fünfjährigen. Diese sollte ich gerade nicht intellektuell ansprechen. Vorleben ist viel wichtiger und authentischer in der Regel. Ob das der Umgang mit Tagesrhythmen oder Medien ist: Entscheidend ist vielfach nicht, was die Eltern oder Lehrkräfte sagen, sondern das, was sie vorleben und denken!

Macht und Kindheitserfahrungen

Wenn wir aus der eigenen Kindheit durch Gewalt und Machtmissbrauch schlimme Erfahrungen mitbringen und diese bisher nicht aufarbeiten konnten, werden automatisch unsere «Alarmglocken» klingeln, wenn wir in eine Situation kommen, bei der im weitesten Sinne Macht eine Rolle spielt.
In einer solchen Stresssituation werden wir es schwer haben, adäquat zu reagieren und offen für Gestaltungsmöglichkeiten zu

bleiben – egal, ob wir Macht ausüben oder erleiden. Wir haben dann nur einen Wunsch: möglichst schnell dieser Stresssituation zu entkommen – oder wir machen es ebenso, wie wir es von Kindheit an gelernt haben: wir reagieren mit einem Gewaltausbruch oder fühlen uns ohnmächtig, sind handlungsunfähig und werden starr.

Liebe und Macht

Aus meiner Sicht gibt es in jeder Beziehung von Anfang an eine gewisse Machtdynamik; ganz gleich, ob es eine Partnerschaft oder Freundschaft ist, zwischen Lehrperson und Kindern oder Eltern und ihren Kindern. Wir schauen zu Beginn gerne weg, weil wir von dem «Zauber des Anfangs» eingenommen sind, wollen keine Stresssituation heraufbeschwören, dem Gegenüber Zeit geben etc. Wir können dem vorbeugen, indem wir von Anfang an in der Beziehung den Dialog pflegen, Themen offen ansprechen, eine aktive Pflege der Beziehung betreiben, bevor die Situation eskaliert und es zu gegenseitigen Entwertungen und Respektlosigkeit kommt.

«Liebe ist die stärkste Macht der Welt, und doch ist sie die demütigste, die man sich vorstellen kann», sagte einst Mahatma Gandhi. Das ist so, wenn wir sie uneigennützig zu leben versuchen, ohne Abhängigkeiten und Erwartungen. Wie schwer das ist, zeigt das Leben: Circa 40 Prozent der Ehen werden geschieden; nicht mitgezählt sind dabei die Lebenspartnerschaften, ob eingetragen oder nicht. Wir können also davon ausgehen, dass sich mehr Partner trennen als zusammenbleiben. Wenn ich dies als Geste auffasse, so kann ich sagen, dass es für diese Paare nicht möglich war, länger zusammenzuleben. Ein Auseinandergehen muss nicht unbedingt negativ sein!

Ein Amt, das Macht verleiht, bedeutet eine große Herausforderung und Verantwortung – egal ob als Vater, Mutter, Lehrperson, in einem Vorstand oder einer Geschäftsführung. Diese Person sollte sich ganz zurücknehmen können und keinerlei persönliche Ambitionen hegen, sondern stets die Sache, um die es geht, im Fokus haben. «Ich diene einer Aufgabe» beschreibt die Grundhaltung, die es erlaubt, Macht zukunftsweisend zu leben und zu gestalten: Auch in meiner Rolle als Lehrkraft, Mutter oder Vater sollte ich diese Grundeinstellung haben. Dabei sollte ich mir immer wieder der Wichtigkeit meiner Vorbildfunktion bewusst sein.

Wir leben in einer Zeit der Transformation, in der es darum geht zu lernen, Polaritäten zu überwinden und Botschaften zu verstehen. Wir müssen daher nicht mehr alles sofort be- bzw. verurteilen, ob etwas gut oder schlecht ist, richtig oder falsch, sondern erst einmal erspüren, was das, was da gerade geschieht, uns sagen will. Es braucht einen Moment großer Ruhe, in dem ich ganz bei mir bin. Das ist genau die Voraussetzung, um Macht so auszuüben, ohne dass jemand Schaden nimmt.

Diese zukünftige Handlungsweise bedarf eines Fingerspitzengefühles, der Achtsamkeit, Dialogfähigkeit und der Fähigkeit, mein Gegenüber in seinem Sein zu sehen, sein Herz zu berühren. Auch sollte diese Person Klarheit leben und Prioritäten setzen können. Und wenn es die Situation erfordert, auch einmal «unerbittlich» den Kurs verfolgen, der gerade erforderlich ist – stets im Sinne der Sache.
Bewusst vertiefe ich kein Kapitel über Machtmissbrauch bzw. wie Macht nicht gelebt werden sollte. Hierzu gibt es genügend Beispiele in der Welt. Machtmissbrauch sollten wir unbedingt verhindern. **Fazit:** Vorbild zu sein und Macht weise einzusetzen, hilft uns, eine zukunftsfähige, stabile und tragfähige Gemeinschaft zu bilden. In diesem Sinne bedeutet Macht ausüben Einfluss nehmen für das Wohl der Gemeinschaft eine Kulturtat!

Warum entstehen Kriege?

Warum entstehen Kriege – und das seit Menschengedenken? Es gab nie eine Welt ohne Krieg!
Was könnte der Grund sein, warum der Mensch eine kriegerische Auseinandersetzung als «legitimes» Mittel in Konfliktlösungen miteinkalkuliert? Warum kommt es wiederholt zu Eskalationen und warum «bremsen» die Menschen nicht rechtzeitig und einigen sich auf eine friedliche Beilegung eines Konflikts? Was geschieht da?
Aus meiner Sicht haben die Menschen den Blick füreinander verloren. Sie haben verloren, einander in die Augen zu schauen und zu versuchen, ihr Gegenüber zu verstehen und zu sehen, wie ihr Gegenüber ist.
In diesem Buch habe ich den Themen Gewalt, Macht, aber auch Frieden und Freiheit gesonderte Kapitel gewidmet, u. a. unter dem Blickwinkel der sozialen Beziehungen als Gestaltungsraum. Nehmen wir als Beispiel die aktuellen Geschehnisse in der Ukraine und nun im Nahen Osten:

In der Ukraine, also in Europa, herrscht Krieg seit Februar 2022. Im Nahen Osten herrscht Krieg seit Oktober 2023. In den Gebieten Israel und Palästina gibt es seit Gründung des Staates Israel 1947 wiederholt kriegerische Auseinandersetzungen. Es schwelt dort seit der Geburt von Israel ein kontinuierlicher Brand, der wiederholt eskaliert und zu Kriegen führt, wie die Geschichte zeigt: Palästina-Krieg anlässlich der Gründung des Staates Israel, Suez-Krieg, Sechstage-Krieg, Jom-Kippur-Krieg, Libanon-Krieg.

Jede kriegerische Auseinandersetzung ist natürlich abzulehnen, dennoch gibt es sie. Der Mensch könnte in der Lage sein, noch so schwierige Konflikte anders zu lösen. Wer für den Frieden kämpft, wird nie Frieden schaffen. Nur wer den Frieden selbst lebt, wird wie Mahatma Gandhi Frieden in die Welt bringen.

Putins Gräueltaten sind nicht zu entschuldigen. Die Entwicklung der Beziehungen zu Russland zeigt, wie wichtig der Auftrag der Politiker und wie groß ihre Verantwortung ist, gut und vorausschauend wahrzunehmen. Warum wurde Putin von der europäischen und amerikanischen Politik über Jahrzehnte belächelt? Warum wurden seine wichtigsten Anliegen (keine Osterweiterung!) nicht ernst genommen? Warum wurde er von der Europapolitik ausgeschlossen, obwohl ein Teil Russlands europäisches Gebiet ist?

Schauen wir genauer hin: 1991 haben sich 15 Staaten von der Gemeinschaft der Sowjetunion abgespalten; das Sowjetreich zerfiel. Das war ein schwerer, schmerzhafter Schlag für das große Sowjetreich. Estland, Lettland und Litauen haben sich nach Europa orientiert und scheinen sich mehr und mehr zu stabilisieren. Alle anderen Staaten sind zunehmend instabil, es gibt regelmäßig Blutvergießen wie in Armenien und Aserbaidschan.
Bereits zur Wendezeit Anfang der 1990er-Jahre stellte Putin klar, dass er keine Osterweiterung der Nato und EU möchte. Gleichzeitig wird der Ukraine eine wichtige strategische konkurrierende Bedeutung zugesprochen, so die Einschätzung der USA und Russlands.
2014 verkündete Putin die Annexion der Krim (dies war nicht die erste in den letzten 200 Jahren) und im selben Jahr vollzog sich ein Putsch in der Ukraine. Seitdem gibt es kriegerische Auseinandersetzungen mit vermutlich mehr als 20 000 Toten bis vor dem jetzigen Krieg, v. a. in den beiden ostukrainischen Gebieten. Diese beiden Gebiete, Donezk und Lugansk, spalteten sich von der Ukraine ab und wollen unabhängige Staaten werden. Sie werden von prorussischen Separatisten unterstützt. Es ist bekannt, dass die Gruppe Wagner um Jewgenin Prigoschin, einem Oligarchen, involviert war, wie auch beim Überfall auf die Ukraine 2022. Die beiden genannten Gebiete riefen ihre Staaten bereits 2017 als «Kleinrussland» aus; das macht deutlich, was die Bevölkerung dieser Gebiete wünscht.

Die Nato siedelte eine große Militärtruppe von circa 40 000 Soldaten in der Nähe an. Putin lehnte weiterhin jegliche Osterweiterung der EU ab und meinte damit natürlich die Ukraine im Besonderen.

Der Westen hat Putin aus meiner Sicht nie wirklich ernst genommen und seine Maßnahmen und sein Verhalten oftmals belächelt. Über Jahrzehnte wurde er ausgegrenzt. Auch Obama hat es während seiner Regierungszeit als Präsident der USA (2009-2017) versäumt, eine würdevolle Beziehung zu Putin aufzubauen. Nur wenige Politikerinnen und Politiker haben ihn als gleichberechtigten Partner gesehen und gewürdigt. Eigentlich hat Putin meines Erachtens das Potenzial, ein Visionär zu sein wie nur ganz wenige Politiker. Seine in deutscher Sprache gehaltene Rede im September 2001 im Deutschen Bundestag zeugt von der Vision eines großen Europa zusammen mit Russland.
Einflussreiche Politikerinnen und Politiker mit Intuition und Weitblick hätten diese dramatische Entwicklung, zu der es nun gekommen ist, wahrscheinlich verhindern können.

Viele politische Maßnahmen von Putin sind nicht zu tolerieren; ihn deswegen komplett auszugrenzen, ist kein kluges Vorgehen, wie wir feststellen können. Zudem steht Russland in seiner Entwicklung auf einer anderen Stufe als die meisten europäischen Länder und Völker. Ein Demokratisierungsprozess in Russland muss erst noch stattfinden. Ob Putin diesen Prozess begleiten will oder kann, ist offen. Sein ganzes Verhalten spricht dafür, dass ihm die Absicherung seiner alleinigen Machtposition wichtiger ist als die Freiheit seines Volkes.

Putin wird um jeden Preis verhindern wollen, dass sich die Ukraine zu sehr in Richtung Europa orientiert. Die Sanktionen sind ihm egal, sie werden ihn – so meine Erwartung – von seinem eingeschlagenen Weg in dieser militärischen Auseinandersetzung nicht abbringen. Er wird jedoch empfindlich auf den verhängten

Boykott reagieren, weil dieser insbesondere seine Machtposition und sein Volk schwächen können.
Wenn wir die Enstehungsgeschichte des Konfliktes berücksichtigen, wird klar: Putin als alleinigen bösen Übeltäter hinzustellen, ist falsch . Das würde bedeuten, dass eine Kriegspartei ausschließlich als Täter wahrgenommen wird, die andere ausschließlich als Opfer. Auf dieser Basis kann es nicht zu einer friedlichen Lösung kommen. Wichtig wäre es, dass der Westen ein deutliches Signal sendet: Wenn zum Beispiel alle europäischen Regierungschefs zusammen nach Moskau reisen würden, um ein Gespräch zu fordern, das nachhaltige Lösungen im Konflikt aufzeigen soll. Stattdessen gibt es Hasstiraden, Ausgrenzungen, Sanktionen und Waffenlieferungen verschiedener europäischer Länder und den USA auf der einen Seite, Iran und andere Länder auf der anderen Seite – die übliche Polarisierung, die wir seit Jahrhunderten kennen. Gespräche, Dialog und ein Ernstnehmen Putins in seiner Würde, als Gesprächspartner finden nicht statt.

Der 2019 gewählte Präsident Selenskyj hätte dieses Amt nicht erhalten, hätte er sich nach russischem Vorbild nicht von namhaften Oligarchen «helfen» lassen. Auch wenn Selenskyi in den folgenden Jahren die Macht und Unantastbarkeit der Oligarchen schmälern wollte, so sind sie doch genauso präsent wie in Russland. Regierungsgeschäfte ohne sie hinter verschlossenen Türen sind in beiden Ländern nicht denkbar. Oligarchen gab es schon zu Zeiten Platons 400 vor Chr.; es sind sehr reiche Menschen, die durch ihren Reichtum Macht für eigene Interessen ausüben.

Wie weiter? Lasst uns den Widerstand beenden!
Lösen wir uns von der Vorstellung: Wenn Druck ausgeübt wird, muss ich einen Gegendruck schaffen. Solange wir im inneren Frieden bleiben, in der inneren Balance, wenn Druck von außen kommt, gibt es keinen Kampf. Ich gehe weder in den Angriff noch in die Abwehr, sondern bleibe in meiner Mitte. Es können Wunder geschehen, wenn man zu dieser inneren Einstellung findet.

Der Aggressor findet keinen Gegner mehr vor, läuft ins Leere und verliert so seine Balance. Wir kennen Persönlichkeiten aus der Geschichte, die das vorgelebt haben: Mahatma Gandhi, Nelson Mandela, Viktor Frankl. Um nur wenige zu nennen.

Das altostslawische Wort «Ukraina» bedeutet Grenzland bzw. Militärgrenze. Vielleicht gibt uns das einen Hinweis auf das Schicksal dieses Landes oder lässt uns zumindest erahnen, dass wir uns nicht so massiv einmischen sollten, wie es der Westen derzeit tut. Ich wage zu behaupten, dass bei dieser Einmischung nicht nur die Interessen des ukrainischen Volkes im Fokus sind, sondern wie üblich vor allem eigennützige Interessen. Die USA sind schnell «mit von der Partie» und helfen großzügig. Das können wir bei vielen kriegerischen Brandherden in den letzten Jahrzehnten beobachten wie Irak, Syrien, Afghanistan, nun auch Ukraine und im Nahen Osten. Dies hat sich insbesondere seit dem 2. Weltkrieg so entwickelt. Ob diese Einsätze zu einer langdauernden Überwindung der kriegerischen Auseinandersetzungen beitragen konnten, d.h. ob diese Art der Konfliktlösung die richtige ist, und dazu beiträgt weitere Kriege zu vermeiden, lässt sich historisch nicht eindeutig belegen. Aus meiner Sicht gibt es bei einer Konfliktlösung einerseits humanitäre Interessen, aber auch Interessen wirtschaftlicher Art wie Waffenlieferungen, die dann den Ausbau der Waffenproduktion ermöglichen.

Wie die Geschichte zeigt, haben sämtliche Demonstrationen und Friedensappelle keine nachhaltige Wirkung, auch wenn sie sicher für das Bewusstsein der Menschen wichtig sind, um dieses konkrete Kriegsgeschehen zu verarbeiten. Jetzt gilt es im Falle der Ukraine, die «ranghöchsten» Menschen direkt und persönlich zu kontaktieren: die Regierungschefs der Länder inklusive Putin und Selenskyj. Ich denke, jeder Mensch, auch Putin ist offen für Begegnung, Beziehung, Gesehenwerden und Dialog.

Freiheit – was ist das?

Wie ist sie zu verstehen und wie ist sie zu leben?
Gerade die Corona-Zeiten führten uns vor Augen, welch kostbares Gut unsere Freiheit ist und wie rasch sich alles verändern kann.

Freiheit – ein Gut, das immer wieder zu kriegerischen Auseinandersetzungen geführt hat, führt und führen wird. Denken Sie an die Französische Revolution (Freiheit, Gleichheit, Brüderlichkeit), die Freiheitskriege 1814, die Religionskriege, auch an die Auseinandersetzungen in der Pandemie und schließlich an den Ukraine-Krieg.

Je n'ai jamais cru que la liberté de l` homme consistât à faire ce qu'il veut, mais bien à ne jamais faire ce qu'il ne veut pas.
Jean-Jacques Rousseau, Schweizer Philosoph, Schriftsteller und Pädagoge des 18. Jahrhunderts

In der deutschen Übersetzung (bedeutet sein Zitat):
Ich habe nie geglaubt, dass die Freiheit des Menschen darin bestehen würde, zu tun, was man will, sondern darin niemals das zu tun, was man nicht will.

So wurde Freiheit im 18. Jahrhundert definiert und dieses Freiheitsbedürfnis führte zur Französischen Revolution.
Freiheit ist ein Gut, und jedes Gut braucht Pflege und Verantwortung. Die Freiheit eines Volkes kann nur dann existieren, wenn sich Freiheit in jedem von uns entwickeln und entfalten kann. Beim Thema «Frieden», das ich im folgenden Absatz ausführe, ist es ähnlich. Freiheit bedeutet, dass ich bei bestimmten Angelegenheiten eine Wahlmöglichkeit habe; es bedeutet nicht, dass ich «Narrenfreiheit» habe und tun und lassen kann, was ich will. Das Gut der Freiheit wurde zunehmend kultiviert und von immer größerer Wichtigkeit, seitdem sich der Mensch in seinem Bewusstsein weiterentwickelt hat. Ich würde sagen, dass dies un-

gefähr seit der Reformation der Fall ist (Entwicklung der Bewusstseinsseele nach Rudolf Steiner, was in etwa mit dem Beginn des Wassermann-Zeitalters zusammenfällt).
Vor Tausenden von Jahren waren die Menschen noch auf einer Entwicklungsstufe, auf der nicht die individuelle Entfaltung des Einzelnen, sondern die Verbundenheit in der Gruppe von wesentlicher Bedeutung war. In der Gesellschaft, in der Familie galten Normen, Verhaltensregeln, die für alle verbindlich waren und allgemein anerkannt wurden, ohne dass der einzelne Mensch die Möglichkeit hatte, anders zu «entscheiden». In der Regel war die berufliche und private Laufbahn vorbestimmt, die Ehefrau bzw. der Ehemann wurden oft schon frühzeitig festgelegt. In der Regel wurden individuelle Anliegen oder gar Liebe nicht berücksichtigt; vielmehr waren handfeste Interessen der Familien und des Stammes ausschlaggebend.
Dies löste sich erst nach dem Ende des Mittelalters (Reformation) auf, also zu einer Zeit, in der die Menschheit zumindest in Europa eine gewisse Bewusstseinsstufe erreicht hatte, und das Bedürfnis geweckt war, die eigene Individualität zu erringen und zu kultivieren. Es gibt heute noch Kulturen, in denen der Einzelne sich nicht frei entfalten kann, in denen er gezwungen wird, die überlieferten «Traditionen» zu respektieren.
Heute erfahren wir offenbar eine Zeit der Transformation und der Prüfung, wo sich zeigen soll, wie ernst wir es mit der individuellen Freiheit meinen.
Wir Menschen in den Industrienationen haben in den letzten 200 Jahren einerseits eine beeindruckende moderne Welt geschaffen, andererseits jedoch auch einen enormen übermässigen Raubbau getrieben – auf Kosten anderer Menschen und Völker, der Tiere und der Natur (Klimakrise). Davor kann heute niemand mehr die Augen verschließen.
Das bedeutet: Die Freiheit des Einzelnen schadete oftmals anderen Menschen, Tieren oder der Umwelt! Das muss sich ändern, denn so wird die Welt und mit ihr die Menschheit nicht überleben können.

Wir haben in unserem Land und in Europa so viele Freiheiten wie selten auf der Welt. Wir können letztendlich unser Leben nahezu nach unseren Vorstellungen gestalten, können entscheiden, welchen Beruf wir ergreifen möchten, mit welchen Menschen wir uns auseinandersetzen wollen, mit wem wir eine Partnerschaft eingehen möchten. Wir können in fast alle Teile der Welt verreisen, können eine Sprache erlernen, ein Auto kaufen, das viel Sprit verbraucht. Aber wir haben auch die Freiheit, bei diesen Fragen anders, also umweltbewusster zu entscheiden.

Freiheit ist Verantwortung!

Wir haben heute mehr denn je die Pflicht und die Verantwortung, unsere Freiheit so einzusetzen und zu leben, dass niemand dabei Schaden nimmt.

Frei zu sein bedeutet nicht nur, seine eigenen Fesseln zu lösen, sondern ein Leben zu führen, das die Freiheit anderer respektiert und fördert.
Nelson Mandela

Das heißt: Mein individuelles Verhalten sollte die Bedürfnisse des Umfeldes, in dem ich lebe, berücksichtigen. Ich kann nicht so tun, als sei ich allein auf der Welt. Freiheit bedeutet daher, mein Gegenüber zu respektieren und pflichtbewusst meine Umwelt mitzugestalten. Ohne aktive Teilnahme, Wahrhaftigkeit und Transparenz in meinem Tun ist Freiheit nicht möglich.
Ich unterscheide eine äußere und eine innere Freiheit. Die oben genannten Bereiche sind überwiegend einer äußeren Freiheit zuzuordnen.

Wie steht es dann mit der inneren Freiheit?
Kann ich äußere Freiheit leben, kultivieren und gestalten, ohne innere Freiheit entwickelt zu haben? Alle Freiheitsbestrebungen sind wahrhaftiger, wenn jede Person ihre innere Freiheit entwickelt hat, davon bin ich überzeugt. Was bedeutet das?

Wie kann ich innere Freiheit erlangen? Und was ist innere Freiheit?
Ich denke, dies hat mit meiner Haltung und meiner inneren Einstellung zu tun. Eine große Hilfe für mich ist, im Zwiegespräch mit mir selbst zu sein. Dazu gehört, dass ich **immer wieder nach Innen schaue und innehalte:**

- Was ist für mich wichtig?
- Bin ich noch auf «meinem» Weg?
- Gibt es Anzeichen, dass ich dabei bin, meinen Weg zu verlassen?
- Bei welchen Umständen des Alltages reagiere ich übermäßig emotional oder über die Maßen zu wenig? Was fühlt sich da nicht (mehr) stimmig an?
- Gibt es Dinge, die mir Angst einflößen?
- Gibt es in meinem Leben «Baustellen», Verstrickungen, die ich lösen sollte, vielleicht immer wieder die gleichen Hindernisse? Packe ich es nicht, weil ich mich fürchte, sie anzugehen?

In der Regel kennen wir unsere Verstrickungen sehr gut. Damit meine ich Reaktionsweisen und Verhaltensmuster, die mir ein unangenehmes, ein mulmiges Gefühl geben, bei denen ich auch spüre, dass ich nicht bei mir bin. Dass ich also nach einem Reiz eine Reaktion zeige, die ich selbst nicht verstehe, mit der ich mich nicht wohlfühle (Reiz <—> Reaktion).

Hier kann es tiefsitzende Verstrickungen geben, deren Ursache ich ohne äußere Hilfe nicht erkennen werde. Dies ist jedoch nicht maßgeblich. Für mein eigenes Wohl ist es wichtig, dass ich erkenne: Wo benötige ich Hilfe, alte Muster zu überwinden, wo gelingt es mir selbst?

Je mehr ich auf diese Weise in meinem eigenen Haus aufräume, desto mehr komme ich bei mir selbst an; desto mehr gelingt es mir, mein Potenzial zu erkennen und zu leben; desto mehr wird sich eine innere Ruhe und Ausgeglichenheit in mir ausbreiten; desto weniger werden mich unerwartete Geschehnisse von außen emotional irritieren oder gar aus der Bahn werfen.

Das Leben nehmen, wie es ist

Umso mehr kann ich das Credo von Krishnamurti «Ich habe nichts gegen das, was geschieht» in mein Dasein integrieren. Und zwar nicht aus einer Gleichgültigkeit heraus, sondern aus einer Haltung der inneren Ruhe und Authentizität, mein Schicksal anzunehmen und die Verantwortung für mein Leben selbst zu übernehmen. Dabei kann ich sehr wohl mit Ereignissen nicht einverstanden sein. Ich bleibe aber mit meiner Haltung oder Meinung bei mir und verliere mich nicht emotional in Wut, Angst oder Frust. Auf diese Weise wird mir eine vollständigere Wahrnehmungsfähigkeit gelingen, als wenn ich diese durch eine emotional gefärbte Haltung einschränke.

Die Situation, die durch Corona entstanden ist, sollte uns zum Innehalten bewegen. Wir sind nach meinem Verständnis aufgerufen, zu reflektieren, welche Gegebenheiten des modernen Lebens zu schädlich für die Zukunft der Erde sind und daher verwandelt sowie weiterentwickelt werden sollten. Jeder von uns kann und sollte unbedingt einen Beitrag leisten. Fangen wir damit an, dann schaffen wir es.

Frieden

«Kämpfen für Frieden, ist wie Schreien für Stille»
Frei nach Daniel Leszinski

Wenn ich an Frieden denke oder jemand mich darauf anspricht, dann reagiert etwas in mir, ich habe ein Gefühl, das sich umschreiben lässt mit: «zwei Seelen wohnen ach! in meiner Brust»

Seit Menschengedenken gibt es Krieg und die Bemühung um Frieden: Haager Friedenskonferenz, Pariser Friedenskonferenz, Münchner Friedenskonferenz, verschiedenste Friedensbündnisse und viele mehr ...

Religion und Frieden: Für mich hört es sich wie ein Widerspruch an, wenn ich bedenke, wie viele Religionskriege es gegeben hat und heute noch gibt. Wie viele Millionen Menschen wurden und werden in religiösen Konflikten misshandelt, gefoltert und getötet!
Sobald sich jemand nicht an vorgegebene Dogmen, Regelsätze, Ideologien – nicht nur religiösen Ursprunges – hält, ist sein Leben in Gefahr, auch heute noch in vielen Teilen der Erde. Machen wir uns klar, dass diese Dogmen von Menschen ausgedacht sind und sich im Laufe der Jahrhunderte ändern können.
Wer entscheidet, was Wahrheit ist?
Wer maßt sich an, zu bestimmen, welche Dogmen gelten? Wer darf verlangen, dass sich sein Gegenüber seinen Regelsätzen unterwerfen muss? Wo ist die Grenze? Wo ist es gar unerläßlich, Grenzen zum Wohl der Allgemeinheit einzufordern? Dies war auch ein heiss umstrittenes Thema während der Corona-Pandemie bezüglich der damals vorgeschriebenen Maßnahmen.

Wer Frieden im Außen sucht, wird scheitern, solange er keinen Frieden im Inneren gefunden hat.
Je mehr wir auf die Straße gehen und für den Frieden demonstrieren, desto weniger wird sich eine Entspannung der Situation,

eine Völkerverständigung einstellen. Vorträge und Seminare zu diesem Thema zeigen keine oder nur eine sehr geringe nachhaltige Wirkung, wenn nicht jeder Mensch beginnt, sein Inneres so zu gestalten, dass Friede gelebt werden kann, dass jede Zelle in mir diese Botschaft in sich trägt, dass ich so in meiner Mitte bin, dass mich nichts aus meiner inneren Mitte bringen kann. Auch hier gilt es, Vorbild zu sein im Denken, Fühlen und Handeln und weniger im Reden.

Der Kampf gegen Drogen, Kriminalität, Gewalt gegenüber Frauen etc. scheint genauso wirkungslos zu sein wie der Kampf für Frieden, Gerechtigkeit und Menschlichkeit.
Die Realität zeigt es uns: Im Kampf «gegen oder für» sind wir nicht bei uns, bleiben im Außen und in der Polarität, die wir aber nun – im Wassermann-Zeitalter – überwinden sollen. Stattdessen sollten wir versuchen, etwas Neues danebenzustellen, das die Menschen im Inneren berührt, so dass sich dort etwas bewegen und entfalten kann.

Ich möchte zu diesem Aspekt zwei Beispiele nennen:
In den Randbezirken der peruanischen Stadt Lima wurden einst einige Hochhäuser mit schönen Wohnungen errichtet. Man wollte Familien aus den Slums dort leben lassen, um letztlich die Slums, in denen Gewalt, Kriminalität und Drogenmissbrauch an der Tagesordnung sind, zu verkleinern oder gar überflüssig werden zu lassen.
Was ist geschehen? Innerhalb weniger Jahre glichen diese Häuser den Slums. Warum? Es wurde im Außen etwas versucht, was im Inneren nicht vorhanden war.

Was tun mit den Klimaaktivisten, die sich auf die Straße kleben?
Wie ist ihr Protest zu verstehen? Ein Angriff auf die Demokratie? Ein legitimer demokratischer Appell? Soll man diese Menschen bestrafen? Oder besser versuchen, sie zu verstehen?

Könnte es eine Idee sein, diese Menschen in eine zukunftsfähige Klimapolitik als Praktikanten einzubeziehen? Dadurch verurteilen wir ihr Verhalten nicht, wir nehmen sie und ihr Anliegen ernst, aber fordern ihre aktive Mitarbeit. Es könnte beispielsweise beschlossen werden, dass sich jeder Klimaaktivist, der sich auf die Straße klebt, damit einverstanden erklärt, seine derzeitige berufliche Aktivität ruhen zu lassen zugunsten eines Einsatzes im Bereich der Klimapolitik für einen gewissen Zeitraum.
Wir würden diese Menschen also nicht bestrafen, auch um keinen Boden für nichtfriedliche Auseinandersetzungen zu schaffen. Stattdessen würden wir sie in konkretes politisches Handeln, welches versucht, den Klimawandel zu begrenzen, einbeziehen und so einen friedlichen Umgang mit einem konkreten aktuellen Problem fördern.

Frieden ist eine Frage der Haltung!

Frieden ist demnach eine Frage der Haltung, der Präsenz und des Bewusstseins – mir selbst, meinen Mitmenschen und der Welt gegenüber. Daher kann ich Frieden nicht erzwingen, sondern nur vorleben.

Ich kann mein Verhalten so gestalten, dass in mir Prozesse entstehen, die Raum geben für ein friedliches Miteinander. Dies ist auch in dramatischen Lebenssituationen möglich – wie wir unter anderem von Viktor Frankl und Mahatma Gandhi wissen.

Wie bereits an anderer Stelle beschrieben, würde ich es so ausdrücken:
Ein Reiz provoziert eine Reaktion.
Zwischen Reiz <–> Reaktion entsteht ein Raum, den ich gestalten kann (Gestaltungsraum). Dieser Gestaltungsraum ermöglicht mir, meine Reaktion auf den Reiz zu beeinflussen. Wenn ich mich emotional treiben lasse, unterliege ich meinen Postulaten, denen meiner Familie und meines Kollektivs. Diese können lauten:

«Wenn mich jemand angreift oder beleidigt, wehre ich mich. Das darf nicht ungestraft bleiben.»
Solche Postulate bereiten den Boden für kriegerische Auseinandersetzungen. Eckhart Tolle beschreibt diesen Wirkungsmechanismus in seinem Buch «Eine neue Erde» mit dem Satz: «Krieg ist eine Denkart.»

Wir sind nun aufgerufen, Klarheit und Präsenz zu entwickeln, Polaritäten hinter uns zu lassen und stattdessen zu lernen, die Gesten der Ereignisse zu erkennen und wahrzunehmen.

Daher ...
Wenn ich beginne, präsent und gegenwärtig zu sein, wenn ich fähig bin, meine Reaktion zu gestalten, kann ich lernen, mit schwierigen Situationen anders umzugehen.
Ich kann belastende Ereignisse oder verletzende Worte, die mir entgegengeschleudert werden, erst einmal als Geste wahrnehmen, ohne sie zu bewerten. Ich kann dabei ganz bei mir bleiben, darf emotional reagieren, aber: **Ich lenke die Emotion, die Emotion lenkt nicht mich.** Und ich kann mich fragen:
Warum sieht mein Gegenüber die Situation und mich in dieser Weise?
Was kann ich an meinem Verhalten ändern, damit mein Gegenüber mich anders sehen kann? Habe ich einen Fehler gemacht? Dann räume ich diesen ein und spreche ihn an.

Wichtig ist, dass ich die Äußerung meines Gegenübers ernst nehme, die Art und Weise, wie mein Gegenüber sich äußert, aber bei ihm bzw. bei ihr lasse.
Dadurch, dass ich mich bemühe, präsent und gegenwärtig zu sein, kann ein Raum entstehen, in dem es möglich ist, dass beide Gesprächspartner diesen Raum gestalten. Kommt es hingegen zu einem emotionalen Schlagabtausch, kommt es rasch zu Beleidigungen und es entstehen Zerwürfnisse, die keinen Raum für Begegnung, Beziehung bzw. Entwicklung lassen.

Dann zeigt sich, dass das Ego des einzelnen Menschen durchschlägt. Es gelingt den betroffenen Menschen noch nicht ganz den Raum zwischen Reiz und Reaktion zu gestalten. Sie sind sich ihrer Postulate nicht bewusst, lassen ihren Emotionen freien Lauf. Dadurch kann sich der Egoismus mit seinen Ängsten voll und ganz etablieren. Ein solches Verhalten spaltet die Menschen und bereitet den Boden für kriegerische Auseinandersetzungen. Dies kann aus meiner Sicht in Kombination mit steigenden Arbeitslosenzahlen und wirtschaftlichen Problemen schlimmstenfalls auch zu einem Bürgerkrieg führen.

Humor – Nur mit Humor bin ich am Leben angeschlossen.

Humor ist Lebensqualität, Lebenshaltung und Lebensgefühl. Humor gehört zum Leben wie Ernst, wie Fröhlich- oder Traurig-Sein. «Humor ist die Begabung eines Menschen, den Unzulänglichkeiten des Lebens und der Menschen, den alltäglichen Schwierigkeiten und Missgeschicken mit heiterer Gelassenheit zu begegnen», kann man bei Wikipedia nachlesen.

Ich meine in diesem Artikel den echten Humor, nicht den spöttischen, verletzenden, der andere bewertet und gar lächerlich macht oder verurteilt. Reagiere ich mit Humor, dann bin ich ganz mit dem Herzen dabei. Humor hat für mich eine bedeutende seelische Tiefe, die mich lebendig sein lässt, die mir hilft, am Leben angeschlossen zu sein.

Humor ist gesund

Humor ist immunstimulierend, unmittelbar messbar im Blutbild; er senkt den Blutdruck, reguliert den Hormonhaushalt, stimuliert die Gehirntätigkeit, wirkt stimmungsaufhellend und antidepressiv. Humor darf jeden Tag Platz in unserem Leben haben.

Humor und Lachen

Lachen wird oft mit Humor in Verbindung gebracht, aber nicht jedes Lachen hat Humor und nicht jeder Humor braucht das Lachen. Die heitere Gelassenheit, die wir beim Humor erleben, ist keinesfalls oberflächlich. Im Humor steckt Ernsthaftigkeit; vor allem ist er eine urmenschliche Geste und Qualität eine Fähigkeit, mit belastenden Situationen umzugehen. Humor gibt einen Hinweis auf meine Lebenshaltung: «Ist das Glas halb voll oder halb leer?» Damit meine ich: Breche ich emotional angesichts der Probleme, die sich mir im Leben stellen, beinahe zusammen, erscheinen sie mir als eine fast unüberwindbare Hürde? Oder sehe ich in jedem Problem das Potenzial einer Lösung, wie auch immer sie aussehen mag. Das ist einerseits ein Thema/eine Angelegenheit des Temperamentes und der Erziehung, andererseits eine Frage, welche Lebenserfahrungen wir gemacht haben, sowie welche «Hürden» wir noch nicht überwinden konnten.

Mit Temperament meine ich die vier Temperamente des Menschen – also den Choleriker, Sanguiniker, Phlegmatiker und Melancholiker. In der Regel leben wir insbesondere zwei dieser Temperamente, wobei eines im Vordergrund steht. Es ist klar, dass ein Choleriker oder Sanguiniker anders mit Humor umgehen wird als ein Phlegmatiker oder Melancholiker. Der Melancholiker sieht die Welt eher pessimistisch, neigt also eher dazu, das Glas halb leer zu sehen, als der Sanguiniker, der die Welt eher optimistisch sieht.

Dürfen wir Humor haben?
Darf man diesen Zeiten mit Humor entgegentreten?

«Dürfen» wir in einer Weltsituation wie der momentanen humorvoll sein? Ich finde es sehr interessant, dass Menschen sich so etwas fragen. Ist Humor denn etwas Verwerfliches oder Oberflächliches, was man nur zu bestimmten Zeiten leben darf? Es fragt auch niemand, ob wir ernst oder traurig sein dürfen.

Globales Wohlbehagen – ein erstrebenswertes Ziel?

Stellen wir uns vor, die Menschheit hätte einen Zustand des allgemeinen Wohlbefindens erreicht. Wären die Menschen glücklicher und zufriedener mit sich und der Welt? Wird es dann noch Entwicklung geben? Sind nicht gerade Krisen die besten Entwicklungshelfer? Schaut man einmal seine eigene Biographie an, stellt man fest, dass es gerade die Krisen waren, die einen weitergebracht haben. Wäre dann ein globales Wohlergehen nicht einem Weltuntergang gleichzusetzen? Zudem hat jeder von uns sein individuelles Schicksal und seinen individuellen Lebensauftrag. Das geht in der Regel nicht mit Wohlbehagen einher.

Humor ist lebensnotwendig!

Humor ist nicht nur erlaubt, er ist sogar lebensnotwendig. Er gehört zum Leben wie Ernst, Trauer, Aggression, Hass, Wut, Liebe, Freude und Glück. Wir sind geboren mit all diesen Qualitäten; sie sind Teil von uns, unseren Stimmungen, die uns die Farben des Lebens geben. Sie machen erst unsere Lebendigkeit aus. So können wir uns fragen: Was ist der Sinn des Lebens? Ich denke, der Sinn des Lebens ist das Leben selbst mit all seinen Facetten, Herausforderungen, Hürden und Krisen. Und da gehört Humor wie die anderen genannten Qualitäten dazu.
Wer anstrebt, die eine oder andere Qualität eliminieren zu wollen, ist weltfremd und naiv. Alle diese Qualitäten wollen, ja müssen gelebt sein. Nur wenn ich sie kenne, kann ich sie kultivieren und so in mein Leben integrieren, dass ich niemandem schade und selbst offen und authentisch mein Potenzial entfalten und meine Schöpferkraft leben kann. Daher ist es so wichtig, dass wir den Kindern den Raum geben, mit all diesen Qualitäten zu experimentieren, um sie an sich selbst und im Miteinander kennenzulernen.

Es gibt natürlich Momente, bei wo Humor eher unpassend ist, wie beispielsweise bei Beerdigungen. Eine Ausnahme war allerdings die Trauerfeier des Clowns Dimitri in Locarno im Juli 2016, bei der Humor als Qualität sehr präsent sein durfte; so berichtete TA Panorama am 24. Juli 2016: «Mit Orgelklängen und unter dem Applaus der Trauergäste – unter ihnen Alt-Bundesrat Flavio Cotti – wurde der Sarg ... auf den Vorplatz getragen. Schülerinnen und Schüler der Dimitri-Schule feierten hier nochmals ein buntes Fest.» Ist das nicht eine berührende Würdigung für den Verstorbenen?

Humor und Gesellschaft – der «Arbeitsabsolutheitsanspruch»

In den Industrienationen begegnet man immer seltener heiteren Menschen. Woran liegt das? Warum fehlt der Sinn für Humor? Wenn ich mir selbst eine Antwort überlege, denke ich Folgendes:

In den Industrienationen stehen Arbeit, Karriere, beruflicher Erfolg immer mehr im Vordergrund. Die ganze Lebensführung richtet sich danach aus, vollen beruflichen Einsatz leisten zu können: Familienstrukturen, Partnerschaft, Beziehungen generell, eine immer frühere Fremdbetreuung unserer Kinder. Mit diesem dieser Prioritätensetzung verlieren wir einen Teil unseres Lebens, denn mit dieser Haltung leben wir oftmals nicht mehr in der Gegenwart, sondern mehr auf die Zukunft bezogen. Wir machen uns nicht selten zum Sklaven der Arbeitswelt und verlieren die Lebendigkeit des Lebens. In der Tat sind immer mehr Menschen nicht mehr wirklich lebendig. Und unsere Kinder ahmen uns nach!

Ein weiterer Preis des großen beruflichen Einsatzes ist die deutliche Zunahme sogenannter Zivilisationskrankheiten wie Übergewicht, Bluthochdruck, Herzinfarkt und Schlaganfall, Zuckerkrankheit sowie Gallensteine. Und nicht zu vergessen die rasant zunehmenden psychischen Entgleisungen, Krisen und «Burnout»-Erkrankungen, begünstigt durch Bewegungsmangel, ungesunden Stress, emotionale Unausgeglichenheit, zunehmend falsche, da entfremdete Ernährung, zu viel Eiweiß, soziale Vereinsamung etc.

Wo bleiben das Leben und die Lebendigkeit? Kann es wirklich nur so gehen, oder wäre eine andere, lebendigere Vernetzung und Gestaltung zwischen Arbeits- und Privatleben möglich? Ich beobachte, dass immer mehr junge Menschen nicht mehr Vollzeit arbeiten, was vor 20 bis 30 Jahren undenkbar war. Vielleicht ist das ein Anfang in die richtige Richtung? Denn vergessen wir nicht, dass Humor nur in der im Hier und Jetzt gelebt werden kann. Ich kann mir nicht vornehmen, übermorgen nach der Mittagspause humorvoll zu sein. Humor geschieht aus dem Moment heraus als kreativer schöner Moment der Lebendigkeit, des Mensch-Seins.

Humor bei der Erziehung und im Heilungsprozess

Da Humor zum Wohlbefinden beiträgt, darf er auch nicht in der Erziehung oder im therapeutischen Prozess fehlen. Im Gegenteil:

Es ist ein Muss, dass Humor sowohl bei der Erziehung als auch im Umgang mit Kranken gegenwärtig ist – denn welch größere Kraft gibt es, die uns hilft, am Leben angeschlossen zu bleiben und uns lebendig zu fühlen, als der Humor? Warum wohl sind Clowns in Kinderkliniken gegenwärtig?

Was wäre der Schulunterricht, der Lebensalltag einer Familie, die Gestaltung von Beziehung und Partnerschaft, ein therapeutischer Prozess ohne Humor? In einer schweren Krise, in einer Trauerphase hilft ein humorvoller Moment, ein Schmunzeln, ein befreiendes Lachen.
Alle Menschen brauchen Vorbilder, insbesondere Kinder. Sie orientieren sich nicht an dem, was wir sagen, sondern an unserer Haltung, unserer Gesinnung, unseren Gedanken und Gefühlen, unserer Authentizität und Klarheit, unserem Sein. So wollen sie auch sein, so lernen sie: «Aha, so funktioniert also die Welt!»

«Humor ist, wenn man trotzdem lacht».

Die Liebe ist ein Erleben des anderen in der eigenen Seele.
Rudolf Steiner

Was ist Liebe?

Über Liebe zu schreiben, ist wohl das Schwierigste überhaupt. Mir gelingt es nicht, Liebe genau zu umschreiben, und ich kenne keine Beschreibung, die es wirklich «auf den Punkt bringt».
Ich wünsche jeder Leserin und jedem Leser, dass sie an sich selbst erfahren durften bzw. dürfen, was Liebe bedeutet, wie es sich anfühlt, zu lieben und geliebt zu werden. Wenn Sie das einmal erfahren haben, wissen Sie in der Regel ganz genau, wovon ich spreche – und zwar körperlich, seelisch und geistig!

Liebe ist die größte Kraft und die größte Gnade zugleich. Sie ist bedingungslos, alles durchdringend wie Wärme und Begeisterung, freilassend, nährend, nicht einengend, nicht fordernd, nicht «Wenn-Dann».

Liebe kennt keine Schranken, keine Hemmnisse, keinen Egoismus, kein Machtstreben. Wenn sie da ist, ist sie da ohne «Wenn und Aber».

Liebe kennt keine Polarität oder Dualität; sie impliziert Klarheit, Authentizität und Offenheit.
Liebe kennt keine Rassen, keine Hautfarbe, keine Kultur, keine Religion, weder Armut noch Reichtum. Liebe durchdringt und berührt alle Menschen oder kann alle Menschen durchdringen, überwindet alles scheinbar Unüberwindliche.

Liebe hat nichts mit Verliebtsein zu tun; das ist nicht das tiefe Gefühl der bedingungslosen Liebe. Liebe kann sich jedoch aus Verliebtheit entwickeln. Wenn wir frisch verliebt sind, sind wir in der

Regel nicht ganz klar. Wir sehen die Welt durch einen «rosaroten Schleier», blenden einen Teil der Realität aus – auch Verhaltensmuster unseres geliebten Gegenübers, die wir oftmals nur sechs oder zwölf Monate später nicht mehr ohne Weiteres tolerieren.

Liebe ist auch eine Haltung und eine Entscheidung.
Wenn es mir gelingt, innerlich «in Liebe zu sein» (die holprige Ausdrucksweise ist hier bildhaft gesprochen und Absicht), werde ich beginnen, die Welt mit anderen Farben und anderen Konturen zu sehen. Es wird meine Haltung dem Leben gegenüber, meine Gedanken und Gefühle beeinflussen. Mit Liebe kann ich viel eher bei mir sein. Kein Ereignis wird mich ganz aus der Bahn werfen können.
So kann ich mich entschließen, «in der Liebe zu sein», gelingt es mir immer mehr, sie wirklich zu leben und nicht nur vom Kopf her zurechtzulegen.

Liebe ist die berührendste und beeindruckendste Lebensqualität, das tiefste Gefühl, das ich erfahren kann. Als liebender Mensch kann ich beginnen, mich innerlich mit Urteilen zurückzuhalten, egal was geschieht, und mir vornehmen, erst einmal die Geste lesen zu lernen von dem, was da gerade geschieht. Mit Liebe gelingt es mir, einen entscheidenden zukunftsfähigen Beitrag in der Neugestaltung des sozialen Miteinanders, des «Ich und Du», zu entwickeln.

Die Liebe herrscht nicht, aber sie bildet.
Johann Wolfgang von Goethe

Ist jeder Mensch zur Liebe fähig?
Liebe gibt es überall. Ich denke, ich kann sie nur in der Welt finden, wenn ich sie in mir entdeckt habe und lebe.
Ich gehe davon aus, dass jeder Mensch mit der Fähigkeit, zu lieben und Liebe zu empfangen, auf die Welt kommt. Allerdings

kann es im Laufe der Jahre durch schwerwiegende Erfahrungen zu einem Verlust der Liebesfähigkeit kommen. Manchmal ist es auch denkbar, dass wir mit einer solchen «Störung» auf die Welt kommen, diese also aus einem anderen Leben mitbringen.
Wenn ich merke, dass ich mich nicht ganz auf mich selbst oder auf mein Gegenüber einlassen kann, ist es sicher lohnenswert, nach Ursachen dafür zu suchen und mir auch therapeutisch helfen zu lassen.

Wenn Liebe in unserer Beziehung und in meinem Leben uneingeschränkt Platz haben kann, unterstützt das mein Gegenüber in seinen Stärken und hilft ihm, seine Schwächen zu überwinden. Es gibt dem sozialen Miteinander ein Fundament und eine unermessliche Kraft. So gesehen unterstützt die Liebe in einer Beziehung die Entwicklung meines Gegenübers und die Beziehung zwischen «Ich und Du». Hier meine ich nicht nur die partnerschaftliche Beziehung. Es sollte selbstverständlich eine allumfassende Liebe sein, die nicht an Bedingungen geknüpft ist, und die einen weiteren Kreis von Menschen einschließt, auch Tiere, Pflanzen und die Natur.

Ist Liebe in der Welt möglich?

Liebe ist die einzige Chance für die Menschheit zu überleben, so mein Eindruck. Die letzten Jahrhunderte haben gezeigt, dass Materialismus, so wie wir ihn leben, immer mehr politische und gesellschaftliche Geschicke leiten und die Lebensumstände der Menschen bestimmen. Schauen Sie sich in der Welt um: der Ukraine-Krieg, das ehemalige Jugoslawien, Bürgerkriege wie z.B. in Äthiopien, Sudan, Nigeria, Kongo oder die Abholzungen im Amazonas, die Kriege in Irak, Iran, Libyen, Libanon oder Israel, um nur einige zu nennen. Es finden Verbrechen statt im «Ich und Du» sowie im größeren Kontext, die nie aufgearbeitet werden.

Was treibt die Menschen zu solchen Gräueltaten? Letztendlich sind es die Geldgier, der Egoismus, das Machtstreben und Lügen. Da hat Liebe keinen Platz!

Was können wir tun, damit eine **Politik der Liebe – Liebe in der Politik** entstehen kann? Braucht die Menschheit praktische Erfahrungen im Erleben von Gräueltaten und daher immer wieder Muss der Mensch selbst die Gräueltaten des Krieges erfahren, um daran zu wachsen? Bisher scheint es so zu sein. Wenn wir Zeitzeugen hören, stellen wir fest, dass die Menschen sich durch das im 2. Weltkrieg erfahrene Leid enorm weiterentwickelt haben, was ohne das unsägliche, namenlose, bittere Leiden in dieser Form nicht geschehen wäre.

Und Corona und die Liebe?

Die Wirrungen um Corona haben uns aufgefordert, in unserer Menschheitsentwicklung weiterzuschreiten und das soziale Miteinander neu zu gestalten, gar zu transformieren. Es stellt sich die Frage, ob wir weiterhin Auseinandersetzungen «wie üblich lösen» wollen, oder ob wir bereit sind, andere Wege zu gehen.

In jedem von uns schlummern Liebe, Empathie, Freundlichkeit, aber auch Gewaltbereitschaft und Aggression. Wie gelingt es uns, diese wichtigen archaischen Gefühle, unsere Aggressionsbereitschaft, so zu kultivieren, dass sie auch in Zeiten, in denen es uns schlecht geht, nicht zerstörerisch wirken, sondern uns stärken und uns ganz Mensch sein lassen?

Die Entwicklung der Dialogfähigkeit und das Überwinden der Polaritäten sind nun gefragt; das Nicht-Verurteilen bzw. eine differenzierte Sicht auf den Täter und auf das Opfer. Das soziale Miteinander, die Beziehung zwischen «Ich und Du» will neu gegriffen werden, unserem Zeitalter gemäß.

Beim «Ich und Du» beginnt es: Jeder von uns ist aufgerufen, mitzuwirken und mitzugestalten im Alltag. Denn die größte Wirkung einer Transformation zeigt sich auf der «Ich und Du»-Ebene, auf der mitmenschlichen Ebene. Ich muss immer im Kleinen, also in der sozialen Zweierbeziehung, anfangen, um Großes bewirken zu können. Daher können sich die nächsten Schritte unserer Menschheitsentwicklung nur realisieren, wenn **jeder** von uns bereit ist, aktiv seinen Alltag in diesem Sinne umzugestalten und möglichst viele Menschen seines Umfeldes dafür zu begeistern, es ihm bzw. ihr gleich zu tun.

Rudolf Steiner weist auf die enge soziale Verbindung in der Liebe hin. «Erleben des anderen in der eigenen Seele» kann nur gelingen, wenn ich die Person, die ich liebe, in meiner eigenen Seele erlebe! Welches Erlebnis! Das kann doch eigentlich nur gelingen, wenn ich die Seele meines Gegenübers mit dem größten Respekt und der größten Achtsamkeit in mir aufleben lasse, ohne diese Persönlichkeit in irgendeiner Weise verändern zu wollen.

Ein ernstgemeinter konstruktiver Dialog mit offenem Herzen impliziert «Sehen und Gesehenwerden» und ist die wichtigste Voraussetzung für eine Begegnung und so auch für eine Beziehung zwischen «Ich und Du». Die Bereitschaft für einen solchen Austausch hilft mir, mich meinem Gegenüber zu öffnen, so wie sich mein Gegenüber mir öffnen kann. Dies trifft für jede Begegnung und jede Beziehung zu; für die Liebesbeziehung ist sie Fundament und Voraussetzung.

Begegnung als Heilungsimpuls gelingt mit Liebe. Begegnung mit Liebe heilt!

Schlussbemerkung

Wir betreten eine neue Erde und wissen noch nicht recht, wie wir uns orientieren sollen und was unsere Aufgabe sein könnte. Es ist nicht verwunderlich, dass insbesondere der medizinische und pädagogische Bereich den Neuentwicklungen am meisten ausgesetzt zu sein scheint, spielen doch hier die Ich-Du-Beziehungen eine fundamentale Rolle.

Dieses Buch hat einen ersten Teil, der sich mit Kindern und Jugendlichen, mit ihrer Entwicklung unter pädagogischen, medizinischen und systemisch wichtigen Aspekten beschäftigt. Ein zweiter Teil weist auf die großen entwicklungsgeschichtlichen Umwälzungen hin, die wir seit Beginn dieses Jahrzehntes durchleben: allen voran die Corona-Pandemie und die Botschaft, die sie uns Menschen überbringen mag, sowie die Veränderungen wichtiger menschlicher Qualitäten wie Angst, Kränkung, inneres Kind, Vorbildsein, Gemeinschaftsbildung, Gewalt, Frieden, Freiheit, Humor und Liebe.

Dieses Buch möchte Sie sensibilisieren für den Umgang mit sich selbst, mit Ihren Kindern, PartnerInnen, FreundInnen, Bekannten und ArbeitskollegInnen in dieser momentan stürmisch und unsicher gewordenen Welt. Dass es Ihnen gelingen möge auf die Weltgeschehnisse möglichst losgelöst von konfessionellen, gesellschaftlichen Postulaten zu blicken, dass Sie losgelöst von familiären oder gesellschaftlichen Erwartungen auf sich selbst, auf ihre Familie schauen können, dass Sie lernen, die Botschaften von Ereignissen wahrzunehmen und immer neu die Frage zu bewegen, was in diesem Moment das Beste ist.

Dafür wünsche ich Ihnen und dir viel Glück, Geduld und ein offenes Herz!

Danksagung

Ohne die Hilfe tatkräftiger und hilfreicher Menschen wäre dieses Buch nicht entstanden. Stefanie Wolff-Heinze hat den entstehenden Text immer wieder überarbeitet und Tipps für die Kapitelfolge gegeben, Alfred und Gabriella Borter haben den ganzen Text mehrfach überarbeitet und mir sehr wertvolle Hinweise gegeben, Angelika Reutter hat mich bei meinen Ideen unterstützt. Doris Tsangaris und ihr Sohn Ruben übernahmen die künstlerische und graphische Gestaltung in einer liebevollen und professionellen Weise, um diesem Werk auch den entsprechenden Ausdruck zu verleihen.
Ich möchte allen für ihre geleistete Arbeit und die aufgebrachte Geduld von Herzen danken. Meinen «Kindern» Augustin, Ferdinand und Gwendolin danke ich, dass ich sie einige Zeit ihres Kinderdaseins begleiten durfte, und nicht zuletzt danke ich meinen Enkeln Emilia, Leo, Mads und Ivi Charlotte, das sie da sind sowie meiner Tochter Loulou Sophie und ihrem Partner Philipp.

Anmerkung:

Als das Buch druckfertig war, entdeckte ich das folgende Zitat von Viktor Frankl (1905-1997). Dieses passt zu meinen Ausführungen auf den Seiten 27, 68, 97.

«Zwischen Reiz und Reaktion liegt ein Raum.
In diesem Raum liegt unsere Macht zur Wahl unserer Reaktion.
In unserer Reaktion liegen unsere Entwicklung und unsere Freiheit.»

Literaturliste

Bitterli, Denis, Seefried, Michael et al.: Lernwelten. Das Leben bildet. Verseus Verlag, 2023

Burkhard, Gudrun: Das Leben in die Hand nehmen. Arbeit an der eigenen Biographie. Verlag Freies Geistesleben, Stuttgart, 16. Auflage, 2001

Covey, Stephen R.: Die 7 Wege zur Effektivität. Gabal Verlag, Offenbach 2018

Dykstra, Ingrid: Wenn Kinder Schicksal tragen – kindliches Verhalten aus systemischer Sicht verstehen. Kösel Verlag, München, 5. Auflage 2010

Dreikurs, Rudolf, Soltz, Vicki: Kinder fordern uns heraus. Wie erziehen wir sie zeitgemäß? Klett-Cotta Verlag, Stuttgart, 17. Auflage 2010

Goddard, Neville: Die Macht des Bewusstseins. Panfokus Verlag, Gladbeck, 1. Auflage 2017

Goebel, Wolfgang, Glöckler, Michaela, Michael, Karin: Kindersprechstunde. Urachhaus-Verlag Stuttgart, 21. Auflage, 2024

Hellinger, Bert: Die Mitte fühlt sich leicht an. Kösel-Verlag München, 8. Auflage 2001

Hellinger, Bert: Die Quelle braucht nicht nach dem Weg zu fragen. Carl-Auer Verlag Heidelberg, 6. Auflage 2015

Hüther, Gerald: Bedienungsanleitung für ein menschliches Gehirn. Verlag Vandenhoeck und Ruprecht, Göttingen, 12. Auflage, 2016

Hüther, Gerald: Mit Freude lernen. Verlag Vandenhoeck und Ruprecht, Göttingen, 2016
Innecken, Barbara: Weil ich euch beide liebe. Systemische Pädagogik für Eltern, Erzieher und Lehrer, Kösel Verlag, München, 2007

Kiel-Hinrichsen, Monika, Hinrichsen, Helmut: Pubertäts-Sprechstunde. Verlag Freies Geistesleben und Urachhaus GmbH, Stuttgart, 2010

Kutschera, Ilse, Schäffler, Christine: Was ist nur los mit mir? Krankheitssymptome und Familienstellen. Kösel Verlag, München, 5. Auflage 2007

Largo, Remo H.: Babyjahre: Die frühkindliche Entwicklung aus biologischer Sicht. Piper Verlag GmbH, München, 19. Auflage 2009

Largo, Remo H., Czernin, Monika: Glückliche Scheidungskinder, Trennungen und wie Kinder damit fertig werden. Piper Verlag GmbH, München, 12. Auflage 2015

Largo, Remo H.: Kinderjahre. Die Individualität des Kindes als erzieherische Herausforderung. Piper Verlag GmbH, München, 2010

Patzlaff, Rainer: Der gefrorene Blick. Physiologische Wirkungen des Fernsehens und die Entwicklung des Kindes, Verlag Freies Geistesleben, Stuttgart, 3. Auflage 2004

Patzlaff, Rainer: Medienmagie oder die Herrschaft über die Sinne. Verlag Freies Geistesleben, Stuttgart, 2010

Peppler, Antonie: Bedeutung der Symptome und Krankheitsbilder. CKH Verlag, Grossheubach, 1. Auflage 2005

Rehm, Natalie: Gehen, Sprechen, Denken. Wie sich Babys aus eigener Kraft entwickeln. Kösel Verlag, München, 1. Auflage, 2021
Renz-Polster, Herbert, Hüther, Gerald: Wie Kinder heute wachsen. Natur als Entwicklungsraum. Ein neuer Blick auf das kindliche Lernen, Fühlen und Denken. Beltz Verlag, Nordhausen, 4. Auflage 2016

Rosenberg, Marshall: Gewaltfreie Kommunikation. Eine Sprache des Lebens. Junfermann-Verlag, Paderborn, 12. Auflage 2016

Schäfer, Erika Isolde: Der Sinn von allem, was einst war. Das holographische Modell der Regressionstherapie. Synergia Verlag, Basel, Zürich, Rossdorf, 1. Auflage 2016

Schäfer, Erika Isolde: „Mama, glaub mir, ich hab schon mal gelebt". Kinder malen ihre früheren Leben/Reinkarnationstherapie mit Kindern. Synergia Verlag, Basel, Zürich, Rossdorf, 5. Auflage 2015

Schäfer, Erika Isolde: Nachtmeerfahrt der Seele. Systemisch-karmische Aufstellungsarbeit mit Kindern und Erwachsenen. Synergia Verlag, Basel, Zürich, Rossdorf, 2. Auflage 2015

Seefried, Michael: Kommt ein Kind zum Arzt. Dem Leben mit Zuversicht begegnen. TRIGA – Der Verlag, 2018

Spitzer, Manfred: Vorsicht Bildschirm! Elektronische Medien, Gehirnentwicklung, Gesundheit und Gesellschaft. Deutscher Taschenbuch Verlag, München, 8. Auflage 2012

Steiner, Rudolf: Der Mensch als siebengliedriges Metall. GA 312, 20. Vortrag, Rudolf-Steiner Verlag Dornach, Schweiz

Steiner, Rudolf: Die Bedeutung des Mysteriums von Golgatha für die Bewusstseinsentwicklung der Menschheit. 11. Vortrag, GA 174b, Rudolf-Steiner Verlag Dornach, Schweiz

Steiner, Rudolf: Die Bewusstseinsentwicklung der Menschen in der nachatlantischen Zeit. 8. Vortrag, GA 114, Rudolf-Steiner Verlag Dornach, Schweiz

Steiner, Rudolf: Die menschliche Bewusstseinsevolution. 14. Vortrag, GA 94, Rudolf-Steiner Verlag Dornach, Schweiz

Steiner, Rudolf: Die pädagogische Praxis vom Gesichtspunkte geisteswissenschaftlicher Menschenerkenntnis. Rudolf-Steiner Verlag, Dornach, Schweiz, Taschenbuch, 4. Auflage 1989

Weber, Gunthard: Zweierlei Glück – die systemische Psychotherapie Bert Hellingers. Auer Verlag, München, 18. Auflage 2017

Dr. Michael J. Seefried, Januar 2024